Sous-Vide

Yenilikçi Teknikle Hazırlanmış Yemekler

Burcu Yılmaz

İçindekiler

Tavuk stoğu

Hazırlama + Pişirme Süresi: 12 saat 25 dakika | Porsiyon: 3

İçindekiler:

2 lb tavuk, herhangi bir parça - uyluklar, göğüsler

5 su bardağı su

2 kereviz sapı, doğranmış

2 beyaz soğan, doğranmış

Talimatlar:

Bir su banyosu yapın, içine Sous Vide koyun ve 194 F'ye ayarlayın. Tüm malzemeleri 2 vakumlu poşete ayırın, poşetlerin üstünü 2-3 kez katlayın. Su banyosuna yerleştirin. Zamanlayıcıyı 12 saate ayarlayın.

Zamanlayıcı durduktan sonra poşetleri çıkarın ve malzemeleri bir tencereye aktarın. Malzemeleri 10 dakika yüksek ateşte kaynatın. Isıyı kapatın ve süzün. Stoku çorba tabanı olarak kullanın.

Soğan Pomodoro Sosu

Hazırlama + Pişirme Süresi: 30 dakika | Porsiyon: 4

İçindekiler

4 bardak domates, yarıya ve özlü

½ soğan, doğranmış

½ çay kaşığı şeker

¼ fincan taze kekik

2 diş sarımsak, kıyılmış

Tatmak için tuz ve karabiber

5 yemek kaşığı zeytinyağı

Talimatlar:

Bir su banyosu hazırlayın ve Sous Vide'ı içine yerleştirin. 175 F'ye ayarlayın. Domates, kekik, sarımsak, soğan ve şekeri vakumlu bir torbaya koyun. Su yer değiştirme yöntemiyle havayı boşaltın, kapatın ve torbayı su banyosuna daldırın. 15 dakika pişirin.

Zamanlayıcı durduktan sonra poşeti çıkarın ve içeriği bir karıştırıcıya aktarın ve pürüzsüz olana kadar 1 dakika karıştırın. Üzerine karabiber serpin.

Dolmalık Biber Püresi

Hazırlama + Pişirme Süresi: 40 dakika | Porsiyon: 4

İçindekiler:

8 adet kırmızı dolmalık biber, çekirdekleri çıkarılmış

⅓ su bardağı zeytinyağı

2 yemek kaşığı limon suyu

3 diş sarımsak, ezilmiş

2 çay kaşığı tatlı kırmızı biber

Talimatlar:

Bir su banyosu yapın ve içine Sous Vide koyun ve 183 F'ye ayarlayın. Dolmalık biberleri, sarımsakları ve zeytinyağını vakumlu bir torbaya koyun. Su yer değiştirme yöntemiyle havayı boşaltın, torbaları kapatın ve su banyosuna daldırın. Zamanlayıcıyı 20 dakikaya ayarlayın ve pişirin.

Zamanlayıcı durduktan sonra torbayı çıkarın ve mührünü açın. Dolmalık biber ve sarımsağı bir karıştırıcıya aktarın ve yumuşatmak için püre haline getirin. Orta ateşte bir tava koyun; dolmalık biber püresini ve kalan malzemeleri ekleyin. 3 dakika pişirin. Dip olarak ılık veya soğuk servis yapın.

Jalapeno Çeşnisi

Hazırlama + Pişirme Süresi: 70 dakika | Porsiyon: 6

İçindekiler:

2 jalapeno biber

2 yeşil biber

2 diş sarımsak, ezilmiş

1 soğan, sadece soyulmuş

3 çay kaşığı kekik tozu

3 çay kaşığı karabiber tozu

2 çay kaşığı biberiye tozu

10 tatlı kaşığı anason tozu

Talimatlar

Bir su banyosu yapın, içine Sous Vide koyun ve 185 F'ye ayarlayın. Biberleri ve soğanı vakumlu bir torbaya koyun. Su yer değiştirme yöntemiyle havayı boşaltın, kapatın ve torbayı su banyosuna daldırın. Zamanlayıcıyı 40 dakikaya ayarlayın.

Zamanlayıcı durduktan sonra, torbayı çıkarın ve mührünü açın. Biber ve soğanı 2 yemek kaşığı su ile bir karıştırıcıya aktarın ve yumuşatmak için püre haline getirin.

Bir tencereyi kısık ateşte koyun, biber püresini ve kalan malzemeleri ekleyin. 15 dakika kaynatın. Isıyı kapatın ve soğutun. Bir baharat kavanozunda saklayın, soğutun ve 7 güne kadar kullanın. Baharat olarak kullanın.

Et suyu

Hazırlama + Pişirme Süresi: 13 saat 25 dakika | Porsiyon: 6

İçindekiler:

3 lb sığır ayağı

1 ½ lb sığır kemikleri

½ lb öğütülmüş sığır eti

5 su bardağı domates salçası

6 tatlı soğan

3 baş sarımsak

6 yemek kaşığı karabiber

5 dal kekik

4 defne yaprağı

10 su bardağı su

Talimatlar:

Fırını önceden 425 F'ye ısıtın. Sığır kemiklerini ve dana ayaklarını bir kızartma tavasına koyun ve üzerlerini domates salçasıyla ovun. Sarımsak ve soğan ekleyin. Kenara koyun. Kıymayı başka bir kavurma tavasına alıp ufalayın. Kızartma tavalarını fırına koyun ve koyu kahverengi olana kadar kızartın.

Bittiğinde, kızartma tavalarındaki yağı boşaltın. Büyük bir kapta su banyosu yapın, içine Sous Vide koyun ve 195 F'ye ayarlayın. Kıyma, kavrulmuş sebzeler, karabiber, kekik ve defne yapraklarını 3 vakumlu poşete ayırın. Kızartma tavalarını suyla ıslatın ve poşetlere ekleyin. Torbaların üstünü 2 ila 3 kez katlayın.

Torbaları su banyosuna yerleştirin ve Sous Vide kabına klipsleyin. Zamanlayıcıyı 13 saate ayarlayın. Zamanlayıcı durduktan sonra poşetleri çıkarın ve malzemeleri bir tencereye aktarın. Malzemeleri yüksek ateşte kaynatın. 15 dakika pişirin. Isıyı kapatın ve süzün. Stoku çorba tabanı olarak kullanın.

Sarımsaklı Fesleğen Ovması

Hazırlama + Pişirme Süresi: 55 dakika | Porsiyon: 15

İçindekiler:

2 baş sarımsak, ezilmiş

2 çay kaşığı zeytinyağı

bir tutam tuz

1 baş rezene soğanı, doğranmış

2 limon, kabuğu rendelenmiş ve suyu sıkılmış

¼ şeker

25 fesleğen yaprağı

Talimatlar:

Bir su banyosu yapın, içine Sous Vide koyun ve 185 F'ye ayarlayın. Rezene ve şekeri vakumlu bir torbaya koyun. Su yer değiştirme yöntemiyle havayı boşaltın, kapatın ve torbayı su banyosuna daldırın. Zamanlayıcıyı 40 dakikaya ayarlayın. Zamanlayıcı durduktan sonra poşeti çıkarın ve mührünü açın.

Rezene, şeker ve listelenen diğer malzemeleri bir karıştırıcıya aktarın ve yumuşatmak için püre haline getirin. Bir baharat kabında saklayın ve buzdolabında bir haftaya kadar kullanın.

Bal ve Soğan Balsamik Sos

Hazırlama + Pişirme Süresi: 1 saat 55 dakika | Porsiyon: 1)

İçindekiler

3 tatlı soğan, doğranmış

1 yemek kaşığı tereyağı

Tatmak için tuz ve karabiber

2 yemek kaşığı balzamik sirke

1 yemek kaşığı bal

2 çay kaşığı taze kekik yaprağı

Talimatlar

Bir su banyosu hazırlayın ve Sous Vide'ı içine yerleştirin. 186 F olarak ayarlayın.

Bir tavayı orta ateşte tereyağı ile ısıtın. Soğan ekleyin, tuz ve karabiber ekleyin ve 10 dakika pişirin. Balzamik sirke ekleyin ve 1 dakika pişirin. Ateşten alın ve balı dökün.

Karışımı vakumlu bir torbaya koyun. Su yer değiştirme yöntemiyle havayı boşaltın, kapatın ve torbayı su banyosuna daldırın. 90 dakika pişirin. Zamanlayıcı durduktan sonra poşeti çıkarın ve bir tabağa aktarın. Taze kekikle süsleyin. Pizza veya sandviç ile servis yapın.

Domates sosu

Hazırlama + Pişirme Süresi: 55 dakika | Porsiyon: 4

İçindekiler:

1 (16 oz) konserve domates, ezilmiş

1 küçük beyaz soğan, doğranmış

1 su bardağı taze fesleğen yaprağı

1 yemek kaşığı zeytinyağı

1 diş sarımsak, ezilmiş

tatmak için tuz

1 defne yaprağı

1 kırmızı biber

Talimatlar:

Bir su banyosu yapın, içine Sous Vide koyun ve 185 F'ye ayarlayın. Listelenen tüm malzemeleri vakumla kapatılabilen bir torbaya koyun. Su yer değiştirme yöntemiyle havayı boşaltın, kapatın ve torbayı su banyosuna daldırın. Zamanlayıcıyı 40 dakikaya ayarlayın. Zamanlayıcı durduktan sonra, torbayı çıkarın ve mührünü açın. Defne yaprağını atın ve kalan malzemeleri bir karıştırıcıya aktarın ve pürüzsüz bir şekilde püre haline getirin. Garnitür olarak servis yapın.

Deniz Ürünleri Stoğu

Hazırlama + Pişirme Süresi: 10 saat 10 dakika | Porsiyon: 6

İçindekiler:

1 lb karides kabukları, başları ve kuyrukları ile
3 su bardağı su
1 yemek kaşığı zeytinyağı
2 çay kaşığı tuz
2 dal biberiye
½ baş sarımsak, ezilmiş
½ bardak kereviz yaprağı, doğranmış

Talimatlar:

Bir su banyosu yapın, içine Sous Vide koyun ve 180 F'ye ayarlayın. Karidesleri zeytinyağıyla karıştırın. Kalan listelenen malzemelerle birlikte karidesleri vakumlu bir torbaya koyun. Havayı boşaltın, kapatın ve torbayı su banyosuna daldırın ve zamanlayıcıyı 10 saate ayarlayın.

balık suyu

Hazırlama + Pişirme Süresi: 10 saat 15 dakika | Porsiyon: 4

İçindekiler:

5 su bardağı su

½ lb balık filetosu, deri

1 kilo balık kafası

5 orta boy yeşil soğan

3 tatlı soğan

¼ lb siyah deniz yosunu (Kombu)

Talimatlar:

Bir su banyosu yapın, içine Sous Vide koyun ve 194 F'ye ayarlayın. Listelenen tüm malzemeleri eşit olarak 2 vakumlu torbaya ayırın, torbaların üstünü 2 kez katlayın. Bunları su banyosuna yerleştirin ve Sous Vide kabına klipsleyin. Zamanlayıcıyı 10 saate ayarlayın.

Zamanlayıcı durduktan sonra poşetleri çıkarın ve malzemeleri bir tencereye aktarın. Malzemeleri 5 dakika yüksek ateşte kaynatın, altını kapatın ve süzün. Soğutun ve 14 güne kadar kullanın.

Hardallı Kuşkonmaz Sosu

Hazırlama + Pişirme Süresi: 30 dakika | Porsiyon: 2

İçindekiler

1 Demet iri kuşkonmaz

Tatmak için tuz ve karabiber

¼ su bardağı zeytinyağı

1 çay kaşığı Dijon hardalı

1 çay kaşığı dereotu

1 çay kaşığı kırmızı şarap sirkesi

1 haşlanmış yumurta, doğranmış

Taze maydanoz, kıyılmış

Talimatlar

Bir su banyosu hazırlayın ve Sous Vide'ı içine yerleştirin. 186 F olarak ayarlayın.

Kuşkonmazın altını kesin ve atın.

Sapın altını soyun ve vakumlu bir torbaya koyun. Su yer değiştirme yöntemiyle havayı boşaltın, kapatın ve torbayı su banyosuna daldırın. 15 dakika pişirin.

Zamanlayıcı durduktan sonra torbayı çıkarın ve bir buz banyosuna aktarın. Pişirme suyunu ayırın. Salata sosu için bir kapta zeytinyağı, sirke ve hardalı karıştırın; iyice karıştırın. Tuzla tatlandırın ve bir mason kavanoza taşıyın. Mühürleyin ve iyice birleşene kadar çalkalayın. Üzerine maydanoz, yumurta ve salata sosu ekleyin.

Sebze stoğu

Hazırlama + Pişirme Süresi: 12 saat 35 dakika | porsiyon: 10)

İçindekiler:

1 ½ bardak kereviz kökü, doğranmış

1 ½ bardak pırasa, doğranmış

½ bardak rezene ampulü, doğranmış

4 diş sarımsak, ezilmiş

1 yemek kaşığı zeytinyağı

6 su bardağı su

1 ½ su bardağı mantar

½ su bardağı maydanoz, kıyılmış

1 yemek kaşığı karabiber

1 defne yaprağı

Talimatlar:

Bir su banyosu yapın, içine Sous Vide koyun ve 180 F'ye ayarlayın. Fırını 450 F'ye önceden ısıtın. Pırasa, kereviz, rezene, sarımsak ve zeytinyağını bir kaseye koyun. Onları fırlat. Bir fırın tepsisine aktarın ve fırına koyun. 20 dakika kızartın.

Kavrulmuş sebzeleri suyu, suyu, maydanozu, karabiberi, mantarı ve defne yaprağıyla birlikte vakumlu poşete koyun. Havayı boşaltın, kapatın ve torbayı su banyosuna daldırın ve zamanlayıcıyı 12 saate ayarlayın. Buharlaşmayı azaltmak için su banyosunun kabını plastik bir örtü ile örtün ve sebzeleri kapalı tutmak için banyoya su eklemeye devam edin.

Zamanlayıcı durduktan sonra, torbayı çıkarın ve mührünü açın. Malzemeleri süzün. Soğutun ve 1 aya kadar dondurulmuş olarak kullanın.

Zamanlayıcı durduktan sonra, torbayı çıkarın ve mührünü açın. Malzemeleri süzün. Soğutun ve 2 haftaya kadar dondurulmuş olarak kullanın.

Sarımsaklı Tabasco Edamame Peyniri

Hazırlama + Pişirme Süresi: 1 saat 6 dakika | Porsiyon: 4

İçindekiler

1 yemek kaşığı zeytinyağı

Baklalarda 4 su bardağı taze edamame

1 çay kaşığı tuz

1 diş sarımsak, kıyılmış

1 yemek kaşığı pul biber

1 yemek kaşığı Tabasco sosu

Talimatlar

Bir su banyosu hazırlayın ve Sous Vide'ı içine yerleştirin. 186 F olarak ayarlayın.

Bir tencereyi suyla yüksek ateşte ısıtın ve edamame kaplarını 60 saniye haşlayın. Onları süzün ve buzlu su banyosuna aktarın. Sarımsak, pul biber, Tabasco sosu ve zeytinyağını karıştırın.

Edamame'i vakumla kapatılabilen bir torbaya yerleştirin. Tabasco sosunu dökün. Su yer değiştirme yöntemiyle havayı boşaltın, kapatın ve torbayı su banyosuna daldırın. 1 saat pişirin. Zamanlayıcı durduktan sonra poşeti çıkarın ve bir kaseye aktarın ve servis yapın.

Otlu Kar Bezelye Püresi

Hazırlama + Pişirme Süresi: 55 dakika | Porsiyon: 6

İçindekiler

½ su bardağı sebze suyu

1 pound taze kar bezelye

1 limon kabuğu rendesi ve

2 yemek kaşığı kıyılmış taze fesleğen

1 yemek kaşığı zeytinyağı

Tatmak için tuz ve karabiber

2 yemek kaşığı kıyılmış taze kişniş

2 yemek kaşığı kıyılmış taze maydanoz

¾ çay kaşığı sarımsak tozu

Talimatlar

Bir su banyosu hazırlayın ve Sous Vide'ı içine yerleştirin. 186 F olarak ayarlayın.

Bezelye, limon kabuğu rendesi, fesleğen, zeytinyağı, karabiber, frenk soğanı, maydanoz, tuz ve sarımsak tozunu karıştırıp vakumlu bir poşete koyun. Su yer değiştirme yöntemiyle havayı boşaltın, kapatın ve torbayı su banyosuna daldırın. 45 dakika pişirin.

Zamanlayıcı durduktan sonra poşeti çıkarın ve bir karıştırıcıya aktarın ve iyice karıştırın.

Adaçayı Kavrulmuş Patates Püresi

Hazırlama + Pişirme Süresi: 1 saat 35 dakika | Porsiyon: 6

İçindekiler

¼ fincan tereyağı

12 tatlı patates, soyulmamış

10 diş sarımsak, doğranmış

4 çay kaşığı tuz

6 yemek kaşığı zeytinyağı

5 taze adaçayı dalı

1 yemek kaşığı kırmızı biber

Talimatlar

Bir su banyosu hazırlayın ve Sous Vide'ı içine yerleştirin. 192 F'ye ayarlayın.

Patatesleri, sarımsağı, tuzu, zeytinyağını ve 2 veya 3 kekik kaynağını karıştırıp vakumlu bir poşete koyun. Su yer değiştirme yöntemiyle havayı boşaltın, kapatın ve torbayı su banyosuna daldırın. 1 saat 15 dakika pişirin.

Fırını önceden 450 F'ye ısıtın. Zamanlayıcı durduktan sonra patatesleri çıkarın ve bir kaseye aktarın. Pişirme suyunu ayırın.

Patatesleri tereyağı ve kalan adaçayı yaylarıyla iyice birleştirin. Önceden alüminyum folyo ile kaplanmış bir fırın tepsisine aktarın. Patateslerin ortasında bir delik açın ve pişen suyu içine dökün. Patatesleri 10 dakika pişirin, 5 dakika sonra çevirin. Bilgeyi atın. Bir tabağa aktarın ve üzerine kırmızı biber serperek servis yapın.

Kekik ve Peynirli Tereyağlı Kuşkonmaz

Hazırlama + Pişirme Süresi: 21 dakika | Porsiyon: 6

İçindekiler

¼ su bardağı rendelenmiş Pecorino Romano peyniri

16 ons taze kuşkonmaz, kesilmiş

4 yemek kaşığı tereyağı, küp

tatmak için tuz

1 diş sarımsak, kıyılmış

1 yemek kaşığı kekik

Talimatlar

Bir su banyosu hazırlayın ve Sous Vide'ı içine yerleştirin. 186 F olarak ayarlayın.

Kuşkonmazı vakumlu bir torbaya koyun. Tereyağı küplerini, sarımsağı, tuzu ve kekiği ekleyin. Su yer değiştirme yöntemiyle havayı boşaltın, kapatın ve torbayı su banyosuna daldırın. 14 dakika pişirin.

Zamanlayıcı durduktan sonra poşeti çıkarın ve kuşkonmazı bir tabağa aktarın. Biraz pişirme suyu serpin. Pecorino Romano peyniri ile süsleyin.

Bal Sırlı Lezzetli Yaban havucu

Hazırlama + Pişirme Süresi: 1 saat 8 dakika | Porsiyon: 4

İçindekiler

1 pound yaban havucu, soyulmuş ve kesilmiş

3 yemek kaşığı tereyağı

2 yemek kaşığı bal

1 çay kaşığı zeytinyağı

Tatmak için tuz ve karabiber

1 yemek kaşığı kıyılmış taze maydanoz

Talimatlar

Bir su banyosu hazırlayın ve Sous Vide'ı içine yerleştirin. 186 F olarak ayarlayın.

Yaban havucu, tereyağı, bal, zeytinyağı, tuz ve karabiberi vakumlu bir torbaya koyun. Su yer değiştirme yöntemiyle havayı boşaltın, kapatın ve torbayı su banyosuna daldırın. 1 saat pişirin.

Bir tavayı orta ateşte ısıtın. Zamanlayıcı durduktan sonra poşeti çıkarın ve içindekileri tavaya aktarın ve sıvı sırlaşana kadar 2 dakika pişirin. Maydanozu ekleyin ve hızlıca karıştırın. Sert.

Peynirli Sandviç ile Kremalı Domates

Hazırlama + Pişirme Süresi: 55 dakika | Porsiyon: 8)

İçindekiler

½ su bardağı krem peynir

2 pound domates, dilimler halinde kesilmiş

Tatmak için tuz ve karabiber

2 yemek kaşığı zeytinyağı

2 diş sarımsak, kıyılmış

½ çay kaşığı kıyılmış taze adaçayı

⅛ çay kaşığı pul biber

½ çay kaşığı beyaz şarap sirkesi

2 yemek kaşığı tereyağı

4 dilim ekmek

2 dilim hellim peyniri

Talimatlar

Bir su banyosu hazırlayın ve Sous Vide'ı içine yerleştirin. 186 F'ye ayarlayın. Domatesleri bir kevgir içinde bir kasenin üzerine koyun ve tuz ekleyin. İyice karıştırın. 30 dakika soğumaya bırakın. Meyve sularını atın. Zeytinyağı, sarımsak, adaçayı, karabiber, tuz ve pul biberi karıştırın.

Vakumlanabilir bir torbaya koyun. Su yer değiştirme yöntemiyle havayı boşaltın, kapatın ve torbayı su banyosuna daldırın. 40 dakika pişirin.

Zamanlayıcı durduktan sonra poşeti çıkarın ve bir karıştırıcıya aktarın. İçerisine sirke ve krem peynir ekleyin. Pürüzsüz olana kadar karıştırın. Bir tabağa aktarın ve gerekirse tuz ve karabiber ekleyin.

Peynir çubuklarını yapmak için: Bir tavayı orta ateşte ısıtın. Ekmek dilimlerini tereyağ ile yağlayıp tavaya alın. Ekmeğin üzerine peynir dilimlerini koyun ve başka bir tereyağlı ekmeğin üzerine yerleştirin. 1-2 dakika kızartın. Kalan ekmek ile tekrarlayın. Küpler halinde kesin. Sıcak çorbanın üzerine servis yapın.

Kaju ve Queso Fresco ile Akçaağaç Pancar Salatası

Hazırlama + Pişirme Süresi: 1 saat 35 dakika | Porsiyon: 8)

İçindekiler

6 büyük pancar, soyulmuş ve parçalar halinde kesilmiş

Tatmak için tuz ve karabiber

3 yemek kaşığı akçaağaç şurubu

2 yemek kaşığı tereyağı

1 büyük portakalın kabuğu

1 yemek kaşığı zeytinyağı

½ çay kaşığı acı biber

1½ su bardağı kaju fıstığı

6 su bardağı roka

3 mandalina, soyulmuş ve dilimlenmiş

1 su bardağı queso fresk, ufalanmış

Talimatlar

Bir su banyosu hazırlayın ve Sous Vide'ı içine yerleştirin. 186 F olarak ayarlayın.

Pancar parçalarını vakumlu bir torbaya koyun. Tuz ve karabiber serpin. 2 yemek kaşığı akçaağaç şurubu, tereyağı ve portakal kabuğu rendesi ekleyin. Su yer değiştirme yöntemiyle havayı boşaltın, kapatın ve torbayı su banyosuna daldırın. 1 saat 15 dakika pişirin.

Fırını 350 F'ye ısıtın.

Kalan akçaağaç şurubu, zeytinyağı, tuz ve kırmızı biberi karıştırın. Kaju fıstığını ekleyin ve iyice karıştırın. Kaju karışımını önceden mum biberle kaplanmış bir fırın tepsisine aktarın ve 10 dakika pişirin. Bir kenara koyun ve soğumaya bırakın.

Zamanlayıcı durduktan sonra pancarları çıkarın ve pişirme suyunu atın. Rokayı servis tabağına alın, pancar ve mandalina dilimlerini her yerine yayın. Hizmet etmek için queso fresk ve kaju karışımı ile serpin.

Karnabaharlı Peynirli Biber

Hazırlama + Pişirme Süresi: 52 dakika | Porsiyon: 5

İçindekiler

½ su bardağı rendelenmiş Provolone peyniri

1 baş karnabahar, çiçekleri kesilmiş

2 diş sarımsak, kıyılmış

Tatmak için tuz ve karabiber

2 yemek kaşığı tereyağı

1 yemek kaşığı zeytinyağı

½ büyük kırmızı dolmalık biber, şeritler halinde kesin

½ büyük sarı dolmalık biber, şeritler halinde kesilmiş

½ büyük turuncu dolmalık biber, şeritler halinde kesilmiş

Talimatlar

Bir su banyosu hazırlayın ve Sous Vide'ı içine yerleştirin. 186 F olarak ayarlayın.

Karnabahar çiçeklerini, 1 diş sarımsağı, tuzu, karabiberi, tereyağının yarısını ve zeytinyağının yarısını iyice karıştırın.

Başka bir kapta dolmalık biberleri, kalan sarımsağı, kalan tuzu, karabiberi, kalan tereyağını ve kalan zeytinyağını karıştırın.

Karnabaharı vakumlu bir poşete koyun. Dolmalık biberleri başka bir vakumlu poşete koyun. Su yer değiştirme yöntemiyle havayı boşaltın, torbaları kapatın ve su banyosuna daldırın. 40 dakika pişirin.

Zamanlayıcı durduktan sonra poşetleri çıkarın ve içindekileri bir servis kasesine aktarın. Pişirme sıvılarını atın. Sebzeleri ve üstünü Provolone peyniri ile birleştirin.

Güz Kabak Kremalı Çorba

Hazırlama + Pişirme Süresi: 2 saat 20 dakika | Porsiyon: 6

İçindekiler

¾ fincan ağır krema

1 kış kabağı, doğranmış

1 büyük armut

½ sarı soğan, doğranmış

3 dal taze kekik

1 diş sarımsak, kıyılmış

1 çay kaşığı öğütülmüş kimyon

Tatmak için tuz ve karabiber

4 yemek kaşığı taze krema

Talimatlar

Bir su banyosu hazırlayın ve Sous Vide'ı içine yerleştirin. 186 F olarak ayarlayın.

Kabak, armut, soğan, kekik, sarımsak, kimyon ve tuzu birleştirin. Vakumlanabilir bir torbaya koyun. Su yer değiştirme yöntemiyle havayı boşaltın, kapatın ve su banyosuna daldırın. 2 saat pişirin.

Zamanlayıcı durduktan sonra torbayı çıkarın ve tüm içeriği bir karıştırıcıya aktarın. Pürüzsüz olana kadar püre yapın. İçerisine kremayı ekleyin ve iyice karıştırın. Tuz ve karabiber serpin. Karışımı servis kaselerine aktarın ve üzerine biraz taze krema ekleyin. Armut parçalarıyla süsleyin.

Kereviz ve Pırasa Patates Çorbası

Hazırlama + Pişirme Süresi: 2 saat 15 dakika | Porsiyon: 8)

İçindekiler

8 yemek kaşığı tereyağı

4 kırmızı patates, dilimlenmiş

1 adet sarı soğan, ¼ inçlik parçalar halinde kesin

1 kereviz sapı, ½ inçlik parçalar halinde kesilmiş

4 su bardağı ½ inç doğranmış pırasa, sadece beyaz kısımlar

1 su bardağı sebze suyu

1 havuç, doğranmış

4 diş sarımsak, kıyılmış

2 defne yaprağı

Tatmak için tuz ve karabiber

2 bardak ağır krema

¼ fincan kıyılmış taze frenk soğanı

Talimatlar

Bir su banyosu hazırlayın ve Sous Vide'ı içine yerleştirin. 186 F olarak ayarlayın.

Patates, havuç, soğan, kereviz, pırasa, sebze suyu, tereyağı, sarımsak ve defne yapraklarını vakumlu bir torbaya koyun. Su yer değiştirme yöntemiyle havayı boşaltın, kapatın ve torbayı su banyosuna daldırın. 2 saat pişirin.

Zamanlayıcı durduktan sonra poşeti çıkarın ve bir karıştırıcıya aktarın. Defne yapraklarını atın. İçeriği karıştırın ve tuz ve karabiber ekleyin. Kremayı yavaşça dökün ve pürüzsüz olana kadar 2-3 dakika karıştırın. İçeriği boşaltın ve servis yapmak için frenk soğanı ile süsleyin.

Kızılcıklı Limonlu Karalahana Salatası

Hazırlama + Pişirme Süresi: 15 dakika | Porsiyon: 6

İçindekiler

6 bardak taze karalahana, saplı

6 yemek kaşığı zeytinyağı

2 diş sarımsak, ezilmiş

4 yemek kaşığı limon suyu

½ çay kaşığı tuz

¾ su bardağı kuru yaban mersini

Talimatlar

Bir su banyosu hazırlayın ve Sous Vide'ı içine yerleştirin. 196 F'ye ayarlayın. Karalahanaları 2 yemek kaşığı zeytinyağı ile birleştirin. Vakumlanabilir bir torbaya koyun. Su yer değiştirme yöntemiyle havayı boşaltın, kapatın ve torbayı su banyosuna daldırın. 8 dakika pişirin.

Kalan zeytinyağı, sarımsak, limon suyu ve tuzu karıştırın. Zamanlayıcı durduktan sonra kara lahanaları çıkarın ve servis tabağına aktarın. Pansuman serpin. Kızılcık ile süsleyin.

Domates Soslu Narenciye Mısır

Hazırlama + Pişirme Süresi: 55 dakika | Porsiyon: 8)

İçindekiler

⅓ su bardağı zeytinyağı

4 kulak sarı mısır, kabuğu çıkarılmış

Tatmak için tuz ve karabiber

1 büyük domates, doğranmış

3 yemek kaşığı limon suyu

2 diş sarımsak, kıyılmış

1 serrano biber, tohumlanmış

4 yeşil soğan, sadece yeşil kısımlar, doğranmış

½ demet taze kişniş yaprağı, doğranmış

Talimatlar

Bir su banyosu hazırlayın ve Sous Vide'ı içine yerleştirin. 186 F'ye ayarlayın. Mısırları zeytinyağı ile çırpın ve tuz ve karabiber ekleyin. Bunları vakumlu bir torbaya koyun. Su yer değiştirme yöntemiyle havayı boşaltın, kapatın ve torbayı su banyosuna daldırın. 45 dakika pişirin.

Bu arada domates, limon suyu, sarımsak, serrano biberi, taze soğan, kişniş ve kalan zeytinyağını bir kapta iyice karıştırın. Bir ızgarayı yüksek ateşte önceden ısıtın.

Zamanlayıcı durduktan sonra mısırları çıkarın ve ızgaraya aktarın ve 2-3 dakika pişirin. Soğumaya bırakın. Çekirdekleri koçandan kesin ve domates sosuna dökün. Balık, salata veya tortilla cipsi ile servis yapın.

Zencefilli Tamari Susamlı Brüksel Lahanası

Hazırlama + Pişirme Süresi: 43 dakika | Porsiyon: 6

İçindekiler

1½ pound Brüksel lahanası, ikiye bölünmüş

2 diş sarımsak, kıyılmış

2 yemek kaşığı bitkisel yağ

1 yemek kaşığı tamari sosu

1 çay kaşığı rendelenmiş zencefil

¼ çay kaşığı pul biber

¼ çay kaşığı kızarmış susam yağı

1 yemek kaşığı susam

Talimatlar

Bir su banyosu hazırlayın ve içine Sous Vide koyun. 186 F'ye ayarlayın. Bir tencereyi orta ateşte ısıtın ve sarımsak, bitkisel yağ, tamari sosu, zencefil ve pul biberi birleştirin. 4-5 dakika pişirin. Kenara koyun.

Brüksel lahanalarını vakumlu bir poşete koyun ve tamari karışımına dökün. Su yer değiştirme yöntemiyle havayı boşaltın, kapatın ve torbayı su banyosuna daldırın. 30 dakika pişirin.

Zamanlayıcı durduktan sonra poşeti çıkarın ve mutfak havlusu ile kurulayın. Pişirme suyunu ayırın. Filizleri bir kaseye aktarın ve susam yağı ile birleştirin. Filizleri bir tabağa alın ve üzerine pişirme suyu serpin. Susam tohumlarıyla süsleyin.

Pancarlı Ispanak Salatası

Hazırlama + Pişirme Süresi: 2 saat 25 dakika | Porsiyon: 3

İçindekiler:

1 ¼ bardak pancar, ayıklanmış ve ısırık büyüklüğünde parçalar halinde kesilmiş

1 su bardağı taze ıspanak, doğranmış

2 yemek kaşığı zeytinyağı

1 yemek kaşığı limon suyu, taze sıkılmış

1 tatlı kaşığı balzamik sirke

2 diş sarımsak, ezilmiş

1 yemek kaşığı tereyağı

Tatmak için tuz ve karabiber

Talimatlar:

İyice durulayın ve pancarları temizleyin. Lokma büyüklüğünde doğrayın ve tereyağ ve ezilmiş sarımsakla birlikte vakumlu bir poşete koyun. Sous Vide'da 185 F'de 2 saat pişirin. Soğuması için kenara koyun.

Büyük bir tencerede suyu kaynatın ve içine ıspanakları koyun. Bir dakika pişirin ve ardından ocaktan alın. İyice süzün. Vakumla kapatılabilen bir torbaya aktarın ve Sous Vide'de 180 F'de 10 dakika pişirin. Su banyosundan çıkarın ve tamamen soğutun. Büyük bir kaseye koyun ve pişmiş pancarları ekleyin. Tuz, karabiber, sirke, zeytinyağı ve limon suyu ile tatlandırın. Hemen servis yapın.

Nane ile Sarımsak Yeşillikleri

Hazırlama + Pişirme Süresi: 30 dakika | Porsiyon: 2

İçindekiler:

½ fincan taze hindiba, yırtılmış

½ fincan yabani kuşkonmaz, ince kıyılmış

½ fincan İsviçre pazı, yırtılmış

¼ fincan taze nane, kıyılmış

¼ bardak roka, yırtılmış

2 diş sarımsak, kıyılmış

½ çay kaşığı tuz

4 yemek kaşığı limon suyu, taze sıkılmış

2 yemek kaşığı zeytinyağı

Talimatlar:

Büyük bir tencereye tuzlu su doldurun ve yeşillikleri ekleyin. 3 dakika pişirin. Çıkarın ve boşaltın. Ellerinizle hafifçe sıkın ve keskin bir bıçak kullanarak yeşillikleri doğrayın. Vakumla kapatılabilen büyük bir torbaya aktarın ve Sous Vide'de 162 F'de 10 dakika pişirin. Su banyosundan çıkarın ve bir kenara koyun.

Zeytinyağını büyük bir tavada orta ateşte ısıtın. Sarımsak ekleyin ve 1 dakika karıştırarak kızartın. Yeşillikleri karıştırın ve tuzlayın. Taze limon suyu serpin ve servis yapın.

Beyaz Şarapta Brüksel Lahanası

Hazırlama + Pişirme Süresi: 35 dakika | Porsiyon: 4

İçindekiler:

1 pound Brüksel lahanası, kesilmiş

½ su bardağı sızma zeytinyağı

½ bardak beyaz şarap

Tatmak için tuz ve karabiber

2 yemek kaşığı taze maydanoz, ince kıyılmış

2 diş sarımsak, ezilmiş

Talimatlar:

Brüksel lahanalarını üç yemek kaşığı zeytinyağı ile birlikte vakumla kapatılabilen büyük bir torbaya koyun. 180 F'de Sous Vide'da 15 dakika pişirin. Torbadan çıkarın.

Büyük, yapışmaz bir ızgara tavasında kalan zeytinyağını ısıtın. Brüksel lahanası, ezilmiş sarımsak, tuz ve karabiber ekleyin. Tavayı her tarafı hafifçe kızarana kadar birkaç kez sallayarak kısaca ızgara yapın. Şarap ekleyin ve kaynatın. İyice karıştırın ve ocaktan alın. Üzerine ince kıyılmış maydanoz serpip servis yapın.

Pancar ve Keçi Peyniri Salatası

Hazırlama + Pişirme Süresi: 2 saat 20 dakika | Porsiyon: 3

İçindekiler:

1 lb pancar, takozlar halinde kesilmiş

½ su bardağı badem, beyazlatılmış

2 yemek kaşığı fındık, kabuklu

2 çay kaşığı zeytinyağı

1 diş sarımsak, ince kıyılmış

1 çay kaşığı toz kimyon

1 çay kaşığı limon kabuğu rendesi

tatmak için tuz

½ su bardağı keçi peyniri, ufalanmış

Süslemek için taze nane yaprakları

Pansuman:

2 yemek kaşığı zeytinyağı

1 yemek kaşığı elma sirkesi

Talimatlar:

Bir su banyosu yapın, Sous Vide'ı içine yerleştirin ve 183 F'ye ayarlayın.

Pancarları vakumlu bir torbaya koyun. Su yer değiştirme yöntemiyle havayı boşaltın, torbayı kapatın ve su banyosuna daldırın ve zamanlayıcıyı 2 saate ayarlayın. Zamanlayıcı durduktan sonra, torbayı çıkarın ve mührünü açın. Pancarı bir kenara koyun.

Orta ateşte bir tava koyun, badem ve fındık ekleyin ve 3 dakika kızartın. Bir kesme tahtasına aktarın ve doğrayın. Aynı tavaya yağı ekleyin, sarımsak ve kimyonu koyun. 30 saniye pişirin. Isıyı kapatın. Bir kapta keçi peyniri, badem karışımı, limon kabuğu rendesi ve sarımsak karışımını ekleyin. Karışım. Zeytinyağı ve sirkeyi çırpın ve bir kenara koyun. Garnitür olarak servis yapın.

Karnabahar Brokoli Çorbası

Hazırlama + Pişirme Süresi: 70 dakika | Porsiyon: 2

İçindekiler:

1 orta boy karnabahar, küçük çiçeklere ayrılmış

½ lb brokoli, küçük çiçekler halinde kesilmiş

1 yeşil dolmalık biber, doğranmış

1 soğan, doğranmış

1 çay kaşığı zeytinyağı

1 diş sarımsak, ezilmiş

½ su bardağı sebze suyu

½ bardak yağsız süt

Talimatlar:

Bir su banyosu yapın, Sous Vide'ı içine yerleştirin ve 185 F'ye ayarlayın.

Karnabahar, brokoli, dolmalık biber ve beyaz soğanı vakumlu bir poşete koyun ve içine zeytinyağı dökün. Su yer değiştirme yöntemiyle havayı boşaltın ve torbayı kapatın. Torbayı su banyosuna daldırın. Zamanlayıcıyı 50 dakikaya ayarlayın ve pişirin.

Zamanlayıcı durduktan sonra torbayı çıkarın ve mührünü açın. Sebzeleri bir karıştırıcıya aktarın, sarımsak ve süt ekleyin ve yumuşatmak için püre haline getirin.

Orta ateşte bir tava koyun, sebze püresini ve sebze suyunu ekleyin ve 3 dakika pişirin. Tuz ve karabiber serpin. Garnitür olarak sıcak servis yapın.

Nane Tereyağlı Bezelye

Hazırlama + Pişirme Süresi: 25 dakika | Porsiyon: 2

İçindekiler:

1 yemek kaşığı tereyağı

½ su bardağı kar bezelye

1 yemek kaşığı nane yaprağı, doğranmış

bir tutam tuz

Tadımlık şeker

Talimatlar:

Bir su banyosu yapın, içine Sous Vide koyun ve 183 F'ye ayarlayın. Tüm malzemeleri vakumlu bir torbaya koyun. Su yer değiştirme yöntemiyle havayı boşaltın, kapatın ve banyoya daldırın. 15 dakika pişirin.

Zamanlayıcı durduktan sonra, torbayı çıkarın ve mührünü açın. Malzemeleri servis tabağına aktarın. Baharat olarak servis yapın.

Tatlı Şurup içinde Brüksel Lahanası

Hazırlama + Pişirme Süresi: 75 dakika | Porsiyon: 3

İçindekiler:

4 lb Brüksel lahanası, ikiye bölünmüş

3 yemek kaşığı zeytinyağı

¾ bardak balık sosu

3 yemek kaşığı su

2 yemek kaşığı şeker

1 ½ yemek kaşığı pirinç sirkesi

2 çay kaşığı limon suyu

3 kırmızı biber, ince dilimlenmiş

2 diş sarımsak, kıyılmış

Talimatlar:

Bir su banyosu yapın, içine Sous Vide koyun ve 183 F'ye ayarlayın. Brüksel lahanalarını, tuzu ve yağı vakumla kapatılabilen bir torbaya dökün, su yer değiştirme yöntemiyle havayı boşaltın, kapatın ve torbayı su banyosuna daldırın. Zamanlayıcıyı 50 dakikaya ayarlayın.

Zamanlayıcı durduktan sonra poşeti çıkarın, mührünü açın ve Brüksel lahanalarını folyolu bir fırın tepsisine aktarın. Bir piliç yüksek derecede ısıtın, fırın tepsisini içine yerleştirin ve 6 dakika kızartın. Brüksel lahanalarını bir kaseye alın.

Sosu hazırlayın: Bir kapta, listelenen kalan pişirme malzemelerini ekleyin ve karıştırın. Sosu Brüksel lahanalarına ekleyin ve eşit şekilde atın. Garnitür olarak servis yapın.

Otlu Peynirli Turp

Hazırlama + Pişirme Süresi: 1 saat 15 dakika | Porsiyon: 3

İçindekiler:

10 ons keçi peyniri

4 ons krem peynir

¼ fincan kırmızı dolmalık biber, kıyılmış

3 yemek kaşığı pesto

3 çay kaşığı limon suyu

2 yemek kaşığı maydanoz

2 diş sarımsak

9 büyük turp, dilimlenmiş.

Talimatlar:

Bir su banyosu yapın, içine Sous Vide koyun ve 181 F'ye ayarlayın. Turp dilimlerini vakumlu bir torbaya koyun, havayı boşaltın ve kapatın. Torbayı su banyosuna daldırın ve zamanlayıcıyı 1 saate ayarlayın.

Listelenen diğer malzemeleri bir kapta karıştırın ve karışımı bir sıkma torbasına dökün. Kenara koyun. Zamanlayıcı durduktan sonra torbayı çıkarın ve mührünü açın. Turp dilimlerini servis tabağına alın ve her dilimin üzerine peynir karışımından sıkın. Atıştırmalık olarak servis yapın.

Balsamik Kızarmış Lahana

Hazırlama + Pişirme Süresi: 1 saat 45 dakika | Porsiyon: 3

İçindekiler:

1 lb kırmızı lahana, dörde bölünmüş ve çekirdeği çıkarılmış

1 arpacık soğan, ince dilimlenmiş

2 diş sarımsak, ince dilimlenmiş

½ yemek kaşığı balzamik sirke

½ yemek kaşığı tuzsuz tereyağı

tatmak için tuz

Talimatlar:

Bir su banyosu yapın, içine Sous Vide koyun ve 185 F'ye ayarlayın. Lahanayı ve kalan malzemeleri 2 vakumlu poşete bölün. Su yer değiştirme yöntemiyle havayı boşaltın ve torbaları kapatın. Bunları su banyosuna daldırın ve zamanlayıcıyı 1 saat 30 dakika pişirmeye ayarlayın.

Zamanlayıcı durduktan sonra poşetleri çıkarın ve mühürlerini açın. Lahanayı suyuyla birlikte servis tabaklarına alın. Tatmak için tuz ve sirke ekleyin. Garnitür olarak servis yapın.

Haşlanmış Domates

Hazırlama + Pişirme Süresi: 45 dakika | Porsiyon: 3

İçindekiler:

4 su bardağı çeri domates

5 yemek kaşığı zeytinyağı

½ yemek kaşığı kıyılmış taze biberiye yaprağı

½ yemek kaşığı kıyılmış taze kekik yaprağı

Tatmak için tuz ve karabiber

Talimatlar:

Bir su banyosu yapın, içine Sous Vide koyun ve 131 F'ye ayarlayın. Listelenen malzemeleri 2 vakumlu poşete bölün, tuz ve karabiber ekleyin. Su yer değiştirme yöntemiyle havayı boşaltın ve torbaları kapatın. Bunları su banyosuna daldırın ve zamanlayıcıyı 30 dakika pişirmeye ayarlayın.

Zamanlayıcı durduktan sonra poşetleri çıkarın ve mührünü açın. Domatesleri suyuyla birlikte bir kaseye aktarın. Garnitür olarak servis yapın.

Ratatouille

Hazırlama + Pişirme Süresi: 2 saat 10 dakika | Porsiyon: 3

İçindekiler:

2 kabak, dilimlenmiş

2 domates, doğranmış

2 kırmızı biber, tohumlanmış ve 2 inçlik küpler halinde kesilmiş

1 küçük patlıcan, dilimlenmiş

1 soğan, 1 inç küpler halinde kesin

tatmak için tuz

½ kırmızı biber gevreği

8 diş sarımsak, ezilmiş

2 ½ yemek kaşığı zeytinyağı

5 dal + 2 dal Fesleğen Yaprağı

Talimatlar:

Bir su banyosu yapın, içine Sous Vide koyun ve 185 F'ye ayarlayın. Domates, kabak, soğan, dolmalık biber ve patlıcanı 5 ayrı vakumlu poşete koyun. Her poşete sarımsak, fesleğen yaprağı ve 1 yemek kaşığı zeytinyağı koyun. Su yer değiştirme yöntemiyle havayı boşaltın, torbaları kapatın ve su banyosuna daldırın ve zamanlayıcıyı 20 dakikaya ayarlayın.

Zamanlayıcı durduktan sonra, domatesli çantayı çıkarın. Kenara koyun. Zamanlayıcıyı 30 dakika için sıfırlayın. Zamanlayıcı durduktan sonra kabak ve kırmızı dolmalık biberlerin olduğu poşetleri çıkarın. Kenara koyun. Zamanlayıcıyı 1 saat için sıfırlayın.

Zamanlayıcı durduktan sonra kalan poşetleri çıkarın ve sarımsak ve fesleğen yapraklarını atın. Bir kaseye domatesleri ekleyin ve hafifçe ezmek için bir kaşık kullanın. Kalan sebzeleri doğrayın ve domateslere ekleyin. Tuz, pul biber, kalan zeytinyağı ve fesleğen ile tatlandırın. Garnitür olarak servis yapın.

Domates çorbası

Hazırlama + Pişirme Süresi: 60 dakika | Porsiyon: 3

İçindekiler:

2 lb domates, yarıya

1 soğan, doğranmış

1 kereviz sapı, doğranmış

3 yemek kaşığı zeytinyağı

1 yemek kaşığı domates püresi

bir tutam şeker

1 defne yaprağı

Talimatlar:

Bir su banyosu yapın, içine Sous Vide koyun ve 185 F'ye ayarlayın. Tuz hariç listelenen tüm malzemeleri kaseye koyun ve karıştırın. Bunları vakumlu bir torbaya koyun. Su yer değiştirme yöntemiyle havayı boşaltın, kapatın ve torbayı su banyosuna daldırın. Zamanlayıcıyı 40 dakikaya ayarlayın.

Zamanlayıcı durduktan sonra torbayı çıkarın ve mührünü açın. Malzemeleri bir blender kullanarak püre haline getirin. Harmanlanmış domatesi bir tencereye dökün ve orta ateşte ayarlayın. Tuzla tatlandırın ve 10 dakika pişirin. Çorbayı kaselere paylaştırın ve soğutun. Yanında düşük karbonhidratlı ekmekle sıcak servis yapın.

Kızarmış Pancar

Hazırlama + Pişirme Süresi: 1 saat 15 dakika | Porsiyon: 3

İçindekiler:

2 pancar, soyulmuş ve 1 cm inç dilimlenmiş

⅓ su bardağı balzamik sirke

½ çay kaşığı zeytinyağı

⅓ su bardağı kavrulmuş ceviz

⅓ bardak Grana Padano peyniri, rendelenmiş

Tatmak için tuz ve karabiber

Talimatlar:

Bir su banyosu yapın, içine Sous Vide koyun ve 183 F'ye ayarlayın. Pancarları, sirkeyi ve tuzu vakumlu bir torbaya koyun. Su yer değiştirme yöntemiyle havayı boşaltın, kapatın ve torbayı su banyosuna daldırın. Zamanlayıcıyı 1 saate ayarlayın.

Zamanlayıcı durduktan sonra, torbayı çıkarın ve mührünü açın. Pancarları bir kaseye aktarın, zeytinyağı ekleyin ve fırlatın. Üzerine ceviz ve peynir serpin. Garnitür olarak servis yapın.

Patlıcanlı lazanya

Hazırlama + Pişirme Süresi: 3 saat | Porsiyon: 3

İçindekiler:

1 lb patlıcan, soyulmuş ve ince dilimlenmiş

1 çay kaşığı tuz

1 su bardağı 3'e bölünmüş domates sosu

2 ons taze mozzarella, ince dilimlenmiş

1 ons Parmesan peyniri, rendelenmiş

2 ons İtalyan harman peyniri, rendelenmiş

3 yemek kaşığı taze fesleğen, doğranmış

Süsleme:

½ yemek kaşığı kavrulmuş ve kıyılmış macadamia fıstığı

1 ons Parmesan peyniri, rendelenmiş

1 ons italyan harman peyniri, rendelenmiş

Talimatlar:

Bir su banyosu yapın, içine Sous Vide koyun ve 183 F'ye ayarlayın. Patlıcanları tuzlayın. Yan tarafına vakumlu bir poşet koyun, patlıcanın yarısını bir tabaka haline getirin, bir porsiyon domates sosu sürün, tabakalara mozzarella peyniri, ardından parmesan, ardından peynir karışımı, ardından fesleğen sürün. Domates sosunun ikinci kısmı ile doldurun.

Torbayı, mümkün olduğu kadar düz tutarak, suyla yer değiştirme yöntemiyle dikkatlice kapatın. Torbayı düz bir şekilde su banyosuna daldırın. Zamanlayıcıyı 2 saate ayarlayın ve pişirin. Patlıcan pişerken gaz çıkardığı için ilk 30 dakikada 2-3 kez havasını boşaltın.

Zamanlayıcı durduktan sonra, torbayı yavaşça çıkarın ve torbadaki sıvıyı boşaltmak için bir iğne kullanarak torbanın bir köşesini delin. Torbayı düz bir servis tabağına koyun, üstünü kesin ve lazanyayı yavaşça tabağa kaydırın. Kalan domates sosu, macadamia fıstığı, peynir karışımı ve Parmesan peyniri ile süsleyin. Bir meşale kullanarak peyniri eritin ve kızartın.

Mantar çorbası

Hazırlama + Pişirme Süresi: 50 dakika | Porsiyon: 3

İçindekiler:

1 kilo karışık mantar

2 soğan, doğranmış

3 diş sarımsak

2 dal maydanoz yaprağı, doğranmış

2 yemek kaşığı kekik tozu

2 yemek kaşığı zeytinyağı

2 su bardağı krema

2 su bardağı sebze suyu

Talimatlar:

Bir su banyosu yapın, içine Sous Vide koyun ve 185 F'ye ayarlayın. Mantarları, soğanı ve kerevizi vakumlu bir torbaya koyun. Su yer değiştirme yöntemiyle havayı boşaltın, kapatın ve torbayı su banyosuna daldırın. Zamanlayıcıyı 30 dakikaya ayarlayın. Zamanlayıcı durduktan sonra, torbayı çıkarın ve mührünü açın.

Torbadaki malzemeleri bir karıştırıcıda karıştırın. Orta ateşte bir tava koyun, zeytinyağı ekleyin. Kaynamaya başlayınca püre haline getirilmiş mantarları ve krema hariç diğer malzemeleri ekleyin. 10 dakika pişirin. Isıyı kapatın ve krema ekleyin. İyice karıştırın ve servis yapın.

Vejetaryen Parmesanlı Risotto

Hazırlama + Pişirme Süresi: 65 dakika | Porsiyon: 5

İçindekiler:

2 su bardağı Arborio pirinci

½ su bardağı sade beyaz pirinç

1 su bardağı sebze suyu

1 su bardağı su

6-8 ons Parmesan peyniri, rendelenmiş

1 soğan, doğranmış

1 yemek kaşığı tereyağı

Tatmak için tuz ve karabiber

Talimatlar:

Bir su banyosu hazırlayın ve içine Sous Vide koyun. 185 F'ye ayarlayın. Tereyağını orta ateşte bir tencerede eritin. Soğan, pirinç ve baharatları ekleyip birkaç dakika pişirin. Vakumla kapatılabilen bir torbaya aktarın. Su yer değiştirme yöntemiyle havayı boşaltın, torbayı kapatın ve su banyosuna daldırın. Zamanlayıcıyı 50 dakikaya ayarlayın. Zamanlayıcı durduktan sonra poşeti çıkarın ve Parmesan peyniri ile karıştırın.

yeşil çorba

Hazırlama + Pişirme Süresi: 55 dakika | Porsiyon: 3

İçindekiler:

4 su bardağı sebze suyu

1 yemek kaşığı zeytinyağı

1 diş sarımsak, ezilmiş

1-inç zencefil, dilimlenmiş

1 çay kaşığı kişniş tozu

1 büyük kabak, doğranmış

3 su bardağı lahana

2 su bardağı brokoli, çiçeklerine ayrılmış

1 Kireç, suyu sıkılmış ve kabuğu rendelenmiş

Talimatlar:

Bir su banyosu yapın, içine Sous Vide koyun ve 185 F'ye ayarlayın. Brokoliyi, kabağı, lahanayı ve maydanozu vakumlu bir torbaya koyun. Su yer değiştirme yöntemiyle havayı boşaltın, kapatın ve torbayı su banyosuna daldırın. Zamanlayıcıyı 30 dakikaya ayarlayın.

Zamanlayıcı durduktan sonra, torbayı çıkarın ve mührünü açın. Buğulanmış malzemeleri sarımsak ve zencefil ile birlikte bir karıştırıcıya ekleyin. Pürüzsüzleştirmek için püre. Yeşil püreyi bir tencereye dökün ve listelenen diğer malzemeleri ekleyin. Tencereyi orta ateşte koyun ve 10 dakika pişirin. Hafif bir yemek olarak servis yapın.

Karışık Sebze Çorbası

Hazırlama + Pişirme Süresi: 55 dakika | Porsiyon: 3

İçindekiler:

1 tatlı soğan, dilimlenmiş

1 çay kaşığı sarımsak tozu

2 su bardağı kabak, küçük küpler halinde doğranmış

3 ons Parmesan kabuğu

2 su bardağı bebek ıspanak

2 yemek kaşığı zeytinyağı

1 tatlı kaşığı pul biber

2 su bardağı sebze suyu

1 dal biberiye

tatmak için tuz

Talimatlar:

Bir su banyosu yapın, içine Sous Vide koyun ve 185 F'ye ayarlayın. Sarımsak ve tuz hariç tüm malzemeleri zeytinyağı ile karıştırın ve vakumlu bir torbaya koyun. Su yer değiştirme yöntemiyle havayı boşaltın, kapatın ve torbayı su banyosuna daldırın. Zamanlayıcıyı 30 dakikaya ayarlayın.

Zamanlayıcı durduktan sonra, torbayı çıkarın ve mührünü açın. Biberiyeyi atın. Kalan malzemeleri bir tencereye alıp tuz ve sarımsak tozunu ekleyin. Tencereyi orta ateşte koyun ve 10 dakika pişirin. Hafif bir yemek olarak servis yapın.

Füme Paprika Veggie Wontons

Hazırlama + Pişirme Süresi: 5 saat 15 dakika | Porsiyon: 9)

İçindekiler:

10 ons wonton sargısı

İsteğe göre 10 ons sebze, rendelenmiş

2 yumurta

1 çay kaşığı zeytinyağı

½ çay kaşığı toz biber

½ çay kaşığı füme kırmızı biber

½ çay kaşığı sarımsak tozu

Tatmak için tuz ve karabiber

Talimatlar:

Bir su banyosu hazırlayın ve Sous Vide'ı içine yerleştirin. 165 F olarak ayarlayın.

Yumurtaları baharatlarla birlikte çırpın. Sebzeleri ve yağı karıştırın. Karışımı vakumla kapatılabilen bir torbaya dökün-su yer değiştirme yöntemiyle havayı serbest bırakın, kapatın ve torbayı su banyosuna daldırın. Zamanlayıcıyı 5 saate ayarlayın.

Zamanlayıcı durduktan sonra torbayı çıkarın ve bir kaseye aktarın. Karışımı raviolilere paylaştırın, sarın ve kenarlarını sıkıştırarak kapatın. Orta ateşte 4 dakika kaynar suda pişirin.

Kinoa ve Kerevizli Miso Yemeği

Hazırlama + Pişirme Süresi: 2 saat 25 dakika | Porsiyon: 6

İçindekiler

1 kereviz, doğranmış

1 yemek kaşığı miso ezmesi

6 diş sarımsak

5 dal kekik

1 tatlı kaşığı soğan tozu

3 yemek kaşığı ricotta peyniri

1 yemek kaşığı hardal tohumu

¼ büyük limon suyu

5 adet irice doğranmış çeri domates

kıyılmış maydanoz

8 ons vegan tereyağı

8 ons pişmiş kinoa

Talimatlar

Bir su banyosu hazırlayın ve Sous Vide'ı içine yerleştirin. 186 F olarak ayarlayın.

Bu arada bir tavayı orta ateşte ısıtın ve sarımsak, kekik, hardal tohumlarını ekleyin. Yaklaşık 2 dakika pişirin. Yağ ekleyin ve kızarana kadar karıştırın. Soğan tozu ile birleştirin ve bir kenara koyun. Oda sıcaklığında soğumaya bırakın. Kerevizi vakumlu bir torbaya koyun. Su yer değiştirme yöntemiyle havayı boşaltın, kapatın ve torbayı su banyosuna daldırın. 2 saat pişirin.

Zamanlayıcı durduktan sonra torbayı çıkarın ve bir tavaya aktarın ve altın rengi kahverengi olana kadar karıştırın. Miso ile tatlandırın. Kenara koyun. Bir tavayı orta ateşte ısıtın, domates, hardal ve kinoayı ekleyin. Limon suyu ve maydanoz ile birleştirin. Kereviz ve domates karışımını karıştırarak servis edin.

Turp & Fesleğen Salatası

Hazırlama + Pişirme Süresi: 50 dakika | Porsiyon: 2

İçindekiler:

20 küçük turp, doğranmış

1 yemek kaşığı beyaz şarap sirkesi

¼ fincan kıyılmış fesleğen

½ su bardağı beyaz peynir

1 çay kaşığı şeker

1 yemek kaşığı su

¼ çay kaşığı tuz

Talimatlar:

Bir su banyosu hazırlayın ve Sous Vide'ı içine yerleştirin. 200 F'ye ayarlayın. Turpları vakumla kapatılabilen büyük bir torbaya koyun ve sirke, şeker, tuz ve su ekleyin. Birleştirmek için sallayın. Su yer değiştirme yöntemiyle havayı boşaltın, kapatın ve su banyosuna daldırın. 30 dakika pişirin. Zamanlayıcı durduktan sonra torbayı çıkarın ve bir buz banyosunda soğumaya bırakın. Sıcak servis yapın. Fesleğen ve beyaz peynirle servis yapın.

Dolmalık Biber Karışımı

Hazırlama + Pişirme Süresi: 35 dakika | Porsiyon: 2

İçindekiler:

1 kırmızı dolmalık biber, doğranmış

1 sarı dolmalık biber, doğranmış

1 yeşil dolmalık biber, doğranmış

1 büyük turuncu dolmalık biber, doğranmış

tatmak için tuz

Talimatlar:

Bir su banyosu yapın, içine Sous Vide koyun ve 183 F'ye ayarlayın. Tüm dolmalık biberleri tuzla birlikte vakumlu bir torbaya koyun. Su yer değiştirme yöntemiyle havayı boşaltın, kapatın ve su banyosuna daldırın. Zamanlayıcıyı 15 dakikaya ayarlayın. Zamanlayıcı durduktan sonra, torbayı çıkarın ve mührünü açın. Biberleri suyuyla birlikte garnitür olarak servis edin.

Kişniş Zerdeçal Kinoa

Hazırlama + Pişirme Süresi: 105 dakika | Porsiyon: 6

İçindekiler:

3 su bardağı kinoa

2 bardak ağır krema

½ su bardağı su

3 yemek kaşığı kişniş yaprağı

2 çay kaşığı zerdeçal tozu

1 yemek kaşığı tereyağı

½ yemek kaşığı tuz

Talimatlar:

Bir su banyosu hazırlayın ve Sous Vide'ı içine yerleştirin. 180 F olarak ayarlayın.

Tüm malzemeleri vakumlu bir torbaya koyun. İyice birleştirmek için karıştırın. Su yer değiştirme yöntemiyle havayı boşaltın, torbayı kapatın ve su banyosuna daldırın. Zamanlayıcıyı 90 dakikaya ayarlayın. Zamanlayıcı durduktan sonra çantayı çıkarın. Sıcak servis yapın.

Kekik Beyaz Fasulye

Hazırlama + Pişirme Süresi: 5 saat 15 dakika | Porsiyon: 8

İçindekiler:

12 ons beyaz fasulye

1 su bardağı domates salçası

8 ons sebze stoğu

1 yemek kaşığı şeker

3 yemek kaşığı tereyağı

1 su bardağı doğranmış soğan

1 dolmalık biber, doğranmış

1 yemek kaşığı kekik

2 çay kaşığı kırmızı biber

Talimatlar:

Bir su banyosu hazırlayın ve Sous Vide'ı içine yerleştirin. 185 F olarak ayarlayın.

Tüm malzemeleri vakumlu bir torbada birleştirin. Birleştirmek için karıştırın. Su yer değiştirme yöntemiyle havayı boşaltın, kapatın ve torbayı su banyosuna daldırın. Zamanlayıcıyı 5 saate ayarlayın. Zamanlayıcı durduktan sonra çantayı çıkarın. Sıcak servis yapın.

Patates ve Hurma Salatası

Hazırlama + Pişirme Süresi: 3 saat 15 dakika | Porsiyon: 6

İçindekiler:

2 pound patates, küp

5 ons hurma, doğranmış

½ su bardağı ufalanmış keçi peyniri

1 çay kaşığı kekik

1 yemek kaşığı zeytinyağı

1 yemek kaşığı limon suyu

3 yemek kaşığı tereyağı

1 çay kaşığı kişniş

1 çay kaşığı tuz

1 yemek kaşığı kıyılmış maydanoz

¼ çay kaşığı sarımsak tozu

Talimatlar:

Bir su banyosu hazırlayın ve Sous Vide'ı içine yerleştirin. 190 F olarak ayarlayın.

Patates, tereyağı, hurma, kekik, kişniş ve tuzu vakumlu bir torbaya koyun. Su yer değiştirme yöntemiyle havayı boşaltın, torbayı kapatın ve su banyosuna daldırın. Zamanlayıcıyı 3 saate ayarlayın.

Zamanlayıcı durduktan sonra torbayı çıkarın ve bir kaseye aktarın. Zeytinyağı, limon suyu, maydanoz ve sarımsak tozunu birlikte çırpın ve salatanın üzerine gezdirin. Peynir kullanıyorsanız, üzerine serpin.

kırmızı biber ezmesi

Hazırlama + Pişirme Süresi: 3 saat 10 dakika | Porsiyon: 4

İçindekiler:

10 ons irmik

4 yemek kaşığı tereyağı

1 ½ çay kaşığı kırmızı biber

10 ons su

½ çay kaşığı sarımsak tuzu

Talimatlar:

Bir su banyosu hazırlayın ve Sous Vide'ı içine yerleştirin. 180 F olarak ayarlayın.

Tüm malzemeleri vakumlu bir torbaya koyun. İyice birleştirmek için kaşıkla karıştırın. Su yer değiştirme yöntemiyle havayı boşaltın, kapatın ve torbayı su banyosuna daldırın. Zamanlayıcıyı 3 saate ayarlayın. Zamanlayıcı durduktan sonra çantayı çıkarın. 4 servis kasesine paylaştırın.

Üzüm Sebze Karışımı

Hazırlama + Pişirme Süresi 105 dakika | Porsiyon: 9)

İçindekiler:

8 tatlı patates, dilimlenmiş

2 kırmızı soğan, dilimlenmiş

4 ons domates, püre

1 çay kaşığı kıyılmış sarımsak

Tatmak için tuz ve karabiber

1 çay kaşığı üzüm suyu

Talimatlar:

Bir su banyosu hazırlayın ve içine Sous Vide koyun. 183 F'ye ayarlayın. Tüm malzemeleri ¼ bardak suyla birlikte vakumlu kapatılabilir bir torbaya koyun. Su yer değiştirme yöntemiyle havayı boşaltın, kapatın ve torbayı su banyosuna daldırın. Zamanlayıcıyı 90 dakikaya ayarlayın. Zamanlayıcı durduktan sonra çantayı çıkarın. Sıcak servis yapın.

Naneli Nohut ve Mantar Kasesi

Hazırlama + Pişirme Süresi: 4 saat 15 dakika | Porsiyon: 8

İçindekiler:

9 ons mantar

3 su bardağı sebze suyu

1 pound nohut, geceden ıslatılmış ve süzülmüş

1 çay kaşığı tereyağı

1 çay kaşığı kırmızı biber

1 yemek kaşığı hardal

2 yemek kaşığı domates suyu

1 çay kaşığı tuz

¼ fincan kıyılmış nane

1 yemek kaşığı zeytinyağı

Talimatlar:

Bir su banyosu hazırlayın ve Sous Vide'ı içine yerleştirin. 195 F'ye ayarlayın. Et suyunu ve nohutları vakumla kapatılabilen bir torbaya koyun. Su yer değiştirme yöntemiyle havayı boşaltın, kapatın ve torbayı su banyosuna daldırın. Zamanlayıcıyı 4 saate ayarlayın.

Zamanlayıcı durduktan sonra çantayı çıkarın. Orta ateşte bir tavada yağı ısıtın. Mantar, domates suyu, kırmızı biber, tuz ve hardalı ekleyin. 4 dakika pişirin. Nohutları süzüp tencereye ekleyin. 4 dakika daha pişirin. Tereyağı ve nane ile karıştırın.

sebzeli kaponata

Hazırlama + Pişirme Süresi: 2 saat 15 dakika | Porsiyon: 4

İçindekiler:

4 konserve erik domates, ezilmiş

2 dolmalık biber, dilimlenmiş

2 kabak, dilimlenmiş

½ soğan, dilimlenmiş

2 patlıcan, dilimlenmiş

6 diş sarımsak, kıyılmış

2 yemek kaşığı zeytinyağı

6 fesleğen yaprağı

Tatmak için tuz ve karabiber

Talimatlar:

Bir su banyosu hazırlayın ve Sous Vide'ı içine yerleştirin. 185 F'ye ayarlayın. Tüm malzemeleri vakumla kapatılabilen bir torbada birleştirin. Su yer değiştirme yöntemiyle havayı boşaltın, kapatın ve torbayı su banyosuna daldırın. Zamanlayıcıyı 2 saate ayarlayın. Zamanlayıcı durduktan sonra servis tabağına aktarın.

Kireçli Kızarmış Pazı

Hazırlama + Pişirme Süresi: 25 dakika | Porsiyon: 2

2 pound İsviçre pazı

4 yemek kaşığı sızma zeytinyağı

2 diş sarımsak, ezilmiş

1 bütün misket limonu, suyu sıkılmış

2 çay kaşığı deniz tuzu

Talimatlar:

Pazıyı iyice durulayın ve bir kevgir içinde süzün. Keskin bir soyma bıçağı kullanarak kabaca doğrayın ve büyük bir kaseye aktarın. 4 yemek kaşığı zeytinyağı, ezilmiş sarımsak, limon suyu ve deniz tuzunu karıştırın. Vakumla kapatılabilen büyük bir torbaya aktarın ve kapatın. 180 F'de 10 dakika en sous vide pişirin.

Kök Sebze Püresi

Hazırlama + Pişirme Süresi: 3 saat 15 dakika | Porsiyon: 4

İçindekiler:

2 yaban havucu, soyulmuş ve doğranmış

1 şalgam, soyulmuş ve doğranmış

1 büyük tatlı patates, soyulmuş ve doğranmış

1 yemek kaşığı tereyağı

Tatmak için tuz ve karabiber

bir tutam küçük hindistan cevizi

¼ çay kaşığı kekik

Talimatlar:

Bir su banyosu hazırlayın ve içine Sous Vide koyun. 185 F'ye ayarlayın. Sebzeleri vakumla kapatılabilen bir torbaya koyun. Su yer değiştirme yöntemiyle havayı boşaltın, kapatın ve su banyosuna daldırın. 3 saat pişirin. Bittiğinde, torbayı çıkarın ve sebzeleri bir patates ezici ile ezin. Kalan malzemeyi karıştırın.

Domates Soslu Lahana ve Biber

Hazırlama + Pişirme Süresi: 4 saat 45 dakika | Porsiyon: 6

İçindekiler:

2 pound lahana, dilimlenmiş

1 su bardağı dilimlenmiş dolmalık biber

1 su bardağı domates salçası

2 soğan, dilimlenmiş

1 yemek kaşığı şeker

Tatmak için tuz ve karabiber

1 yemek kaşığı kişniş

1 yemek kaşığı zeytinyağı

Talimatlar:

Bir su banyosu hazırlayın ve Sous Vide'ı içine yerleştirin. 184 F olarak ayarlayın.

Lahana ve soğanı vakumlu bir torbaya koyun ve baharatlarla tatlandırın. Domates salçasını ekleyin ve iyice birleştirmek için karıştırın. Su yer değiştirme yöntemiyle havayı boşaltın, kapatın ve torbayı su banyosuna daldırın. Zamanlayıcıyı 4 saat 30 dakikaya ayarlayın. Zamanlayıcı durduktan sonra çantayı çıkarın.

Hardallı Mercimek & Domates Yemeği

Hazırlama + Pişirme Süresi: 105 dakika | Porsiyon: 8

İçindekiler:

2 su bardağı mercimek

1 kutu doğranmış domates, süzülmüş

1 su bardağı yeşil bezelye

3 su bardağı sebze suyu

3 su bardağı su

1 soğan, doğranmış

1 havuç, dilimlenmiş

1 yemek kaşığı tereyağı

2 yemek kaşığı hardal

1 tatlı kaşığı pul biber

2 yemek kaşığı limon suyu

Tatmak için tuz ve karabiber

Talimatlar:

Bir su banyosu hazırlayın ve içine Sous Vide koyun. 192 F'ye ayarlayın. Tüm malzemeleri vakumla kapatılabilen büyük bir torbaya koyun. Su yer değiştirme yöntemiyle havayı boşaltın, kapatın ve banyoya daldırın. 90 dakika pişirin. Zamanlayıcı durduktan sonra poşeti çıkarın ve büyük bir kaseye aktarın ve servis yapmadan önce karıştırın.

Dolmalık Biberli Üzümlü Pilav

Hazırlama + Pişirme Süresi: 3 saat 10 dakika | Porsiyon: 6

İçindekiler:

2 bardak beyaz pirinç

2 su bardağı sebze suyu

⅔ su bardağı su

3 yemek kaşığı kuru üzüm, doğranmış

2 yemek kaşığı ekşi krema

½ bardak doğranmış kırmızı soğan

1 dolmalık biber, doğranmış

Tatmak için tuz ve karabiber

1 çay kaşığı kekik

Talimatlar:

Bir su banyosu hazırlayın ve Sous Vide'ı içine yerleştirin. 180 F olarak ayarlayın.

Tüm malzemeleri vakumlu bir torbaya koyun. İyice birleştirmek için karıştırın. Su yer değiştirme yöntemiyle havayı boşaltın, kapatın ve torbayı su banyosuna daldırın. Zamanlayıcıyı 3 saate ayarlayın. Zamanlayıcı durduktan sonra çantayı çıkarın. Sıcak servis yapın.

Yoğurtlu Kimyon Çorbası

Hazırlama + Pişirme Süresi: 2 saat 20 dakika | Porsiyon: 4

İçindekiler

1 yemek kaşığı zeytinyağı

1½ çay kaşığı kimyon tohumu

1 orta boy soğan, doğranmış

1 pırasa, ikiye bölünmüş ve ince dilimlenmiş

tatmak için tuz

2 pound havuç, doğranmış

1 defne yaprağı

3 su bardağı sebze suyu

½ su bardağı tam yağlı yoğurt

elma sirkesi

Taze dereotu yaprakları

Talimatlar

Bir su banyosu hazırlayın ve Sous Vide'ı içine yerleştirin. 186 F'ye ayarlayın. Zeytinyağını büyük bir tavada orta ateşte ısıtın ve kimyon tohumu ekleyin. 1 dakika kızartın. Soğan, tuz ve pırasa ekleyin, 5-7 dakika veya yumuşayana kadar soteleyin. Soğan, defne yaprağı, havuç ve 1/2 yemek kaşığı tuzu geniş bir kapta birleştirin.

Karışımı vakumlu bir torbaya dağıtın. Su yer değiştirme yöntemiyle havayı boşaltın, kapatın ve torbayı su banyosuna daldırın. 2 saat pişirin.

Zamanlayıcı durduktan sonra poşeti çıkarın ve bir kaseye dökün. Üzerine sebze suyunu ekleyin ve karıştırın. Yoğurdu karıştırın. Çorbayı biraz tuz ve sirke ile tatlandırın ve dereotu yapraklarıyla süslenmiş servis yapın.

Tereyağlı Yaz Kabağı

Hazırlama + Pişirme Süresi: 1 saat 35 dakika | Porsiyon: 4

İçindekiler

2 yemek kaşığı tereyağı

¾ fincan soğan, doğranmış

1½ pound yaz kabağı, dilimlenmiş

Tatmak için tuz ve karabiber

½ su bardağı tam yağlı süt

2 büyük bütün yumurta

½ su bardağı ufalanmış sade patates cipsi

Talimatlar

Bir su banyosu hazırlayın ve Sous Vide'ı içine yerleştirin. 175 F'ye ayarlayın

Bu sırada birkaç kavanozu yağlayın. Büyük bir tavayı orta ateşte ısıtın ve tereyağını eritin. Soğanları ekleyin ve 7 dakika soteleyin. Kabağı ekleyin, tuz ve karabiber ekleyin ve 10 dakika soteleyin. Karışımı kavanozlara paylaştırın. Soğumaya bırakın ve kenara koyun.

Süt, tuz ve yumurtaları bir kapta çırpın. Biberle tatlandırın. Karışımı kavanozların üzerine dökün, kapatın ve kavanozları su banyosuna daldırın. 60 dakika pişirin. Zamanlayıcı durduktan sonra kavanozları çıkarın ve 5 dakika soğumaya bırakın. Patates cipsi üzerinde servis yapın.

Köri Zencefilli ve Nektarin Chutney

Hazırlama + Pişirme Süresi: 60 dakika | Porsiyon: 3

İçindekiler

½ su bardağı toz şeker

½ su bardağı su

¼ fincan beyaz şarap sirkesi

1 diş sarımsak, kıyılmış

¼ fincan beyaz soğan, ince kıyılmış

1 misket limonunun suyu

2 çay kaşığı rendelenmiş taze zencefil

2 çay kaşığı köri tozu

Bir tutam kırmızı biber gevreği

Tatmak için tuz ve karabiber

tatmak için biber gevreği

4 büyük parça nektarin, dilimlenmiş

¼ fincan kıyılmış taze fesleğen

Talimatlar

Bir su banyosu hazırlayın ve Sous Vide'ı içine yerleştirin. 168 F olarak ayarlayın.

Bir tencereyi orta ateşte ısıtın ve su, şeker, beyaz şarap sirkesi ve sarımsağı birleştirin. Şeker yumuşayana kadar hareket ettirin. Limon suyu, soğan, köri tozu, zencefil ve pul biber ekleyin. Tuz ve karabiberle tatlandırın. İyice karıştırın. Karışımı vakumlu bir torbaya koyun. Su yer değiştirme yöntemiyle havayı boşaltın, kapatın ve torbayı su banyosuna daldırın. 40 dakika pişirin.

Zamanlayıcı durduktan sonra torbayı çıkarın ve buz banyosuna yerleştirin. Yemeği servis tabağına alın. Fesleğen ile süsleyin.

Biberiye Russet Patates Konfi

Hazırlama + Pişirme Süresi: 1 saat 15 dakika | Porsiyon: 4

İçindekiler

1 pound kahverengi rus patates, doğranmış

tatmak için tuz

¼ çay kaşığı öğütülmüş beyaz biber

1 çay kaşığı kıyılmış taze biberiye

2 yemek kaşığı tam tereyağı

1 yemek kaşığı mısır yağı

Talimatlar

Bir su banyosu hazırlayın ve içine Sous Vide koyun. 192 F'ye ayarlayın. Patatesleri biberiye, tuz ve karabiberle tatlandırın. Patatesleri tereyağı ve sıvı yağ ile birleştirin. Vakumlanabilir bir torbaya koyun. Su yer değiştirme yöntemiyle havayı boşaltın, kapatın ve torbayı su banyosuna daldırın. 60 dakika pişirin. Zamanlayıcı durduktan sonra poşeti çıkarın ve büyük bir kaseye aktarın. Tereyağı ile süsleyip servis yapın.

Körili Armut ve Hindistan Cevizi Kreması

Hazırlama + Pişirme Süresi: 1 saat 10 dakika | Porsiyon: 4

İçindekiler

2 armut, özlü, soyulmuş ve dilimlenmiş

1 yemek kaşığı köri tozu

2 yemek kaşığı hindistan cevizi kreması

Talimatlar

Bir su banyosu hazırlayın ve Sous Vide'ı içine yerleştirin. 186 F olarak ayarlayın.

Tüm malzemeleri birleştirin ve vakumlu bir torbaya koyun. Su yer değiştirme yöntemiyle havayı boşaltın, kapatın ve torbayı su banyosuna daldırın. 60 dakika pişirin. Zamanlayıcı durduktan sonra torbayı çıkarın ve büyük bir kaseye aktarın. Servis tabaklarına paylaştırın ve servis yapın.

Yumuşak Brokoli Püresi

Hazırlama + Pişirme Süresi: 2 saat 15 dakika | Porsiyon: 4

İçindekiler

1 baş brokoli, çiçeklerine ayrılmış

½ çay kaşığı sarımsak tozu

tatmak için tuz

1 yemek kaşığı tereyağı

1 yemek kaşığı ağır çırpılmış krema

Talimatlar

Bir su banyosu hazırlayın ve Sous Vide'ı içine yerleştirin. 183 F'ye ayarlayın. Brokoli, tuz, sarımsak tozu ve yoğun kremayı birleştirin. Vakumlanabilir bir torbaya koyun. Su yer değiştirme yöntemiyle havayı boşaltın, kapatın ve torbayı su banyosuna daldırın. 2 saat pişirin.

Zamanlayıcı durduktan sonra poşeti çıkarın ve nabız atması için bir karıştırıcıya aktarın. Baharatlayın ve servis yapın.

Lezzetli Hurma ve Mango Chutney

Hazırlama + Pişirme Süresi: 1 saat 45 dakika | Porsiyon: 4

İçindekiler

2 pound mango, doğranmış

1 küçük soğan, doğranmış

½ fincan açık kahverengi şeker

¼ fincan hurma

2 yemek kaşığı elma sirkesi

2 yemek kaşığı taze sıkılmış limon suyu

1½ çay kaşığı sarı hardal tohumu

1½ çay kaşığı kişniş tohumu

tatmak için tuz

¼ çay kaşığı köri tozu

¼ çay kaşığı kuru zerdeçal

⅛ çay kaşığı kırmızı biber

Talimatlar

Bir su banyosu hazırlayın ve Sous Vide'ı içine yerleştirin. 183 F olarak ayarlayın.

Tüm malzemeleri birleştirin. Vakumlanabilir bir torbaya koyun. Su yer değiştirme yöntemiyle havayı boşaltın, kapatın ve torbayı su banyosuna daldırın. 90 dakika pişirin. Zamanlayıcı durduktan sonra torbayı çıkarın ve bir tencereye dökün.

Cevizli Mandalina ve Yeşil Fasulye Salatası

Hazırlama + Pişirme Süresi: 1 saat 10 dakika | Porsiyon: 8)

İçindekiler

2 pound yeşil fasulye, kesilmiş

2 mandalina

2 yemek kaşığı tereyağı

tatmak için tuz

2 ons ceviz

Talimatlar

Bir su banyosu hazırlayın ve Sous Vide'ı içine yerleştirin. 186 F'ye ayarlayın. Yeşil fasulye, tuz ve tereyağını birleştirin. Vakumlanabilir bir torbaya koyun. Mandalina kabuğunu ve suyunu ekleyin. Su yer değiştirme yöntemiyle havayı boşaltın, kapatın ve torbayı su banyosuna daldırın. 1 saat pişirin. Zamanlayıcı durduktan sonra poşeti çıkarın ve servis tabağına aktarın. Üzerine mandalina kabuğu rendesi ve ceviz serpin.

Hindistan cevizi ile yeşil bezelye kreması

Hazırlama + Pişirme Süresi: 1 saat 10 dakika | Porsiyon: 8)

İçindekiler

1 pound taze yeşil bezelye

1 su bardağı krem şanti

¼ fincan tereyağı

1 yemek kaşığı mısır nişastası

¼ çay kaşığı öğütülmüş hindistan cevizi

4 karanfil

2 defne yaprağı

tatmak için karabiber

Talimatlar

Bir su banyosu hazırlayın ve Sous Vide'ı içine yerleştirin. 184 F'ye ayarlayın. Mısır nişastası, muskat ve kremayı bir kasede birleştirin. Mısır nişastası yumuşayana kadar çırpın.

Karışımı vakumlu bir torbaya koyun. Su yer değiştirme yöntemiyle havayı boşaltın, kapatın ve torbayı su banyosuna daldırın. 1 saat pişirin. Zamanlayıcı durduktan sonra poşeti çıkarın ve defne yaprağını çıkarın. Sert.

Kolay Brokoli Püresi

Hazırlama + Pişirme Süresi: 60 dakika | Porsiyon: 4

İçindekiler

1 baş brokoli

1 su bardağı sebze suyu

3 yemek kaşığı tereyağı

tatmak için tuz

Talimatlar

Bir su banyosu hazırlayın ve Sous Vide'ı içine yerleştirin. 186 F olarak ayarlayın.

Brokoli, tereyağı ve sebze suyunu birleştirin. Vakumlanabilir bir torbaya koyun. Su yer değiştirme yöntemiyle havayı boşaltın, kapatın ve torbayı su banyosuna daldırın. 45 dakika pişirin.

Zamanlayıcı durduktan sonra torbayı çıkarın ve boşaltın. Pişirme suyunu ayırın. Brokoliyi bir karıştırıcıya koyun ve pürüzsüz olana kadar püre haline getirin. Biraz pişirme suyu dökün. Servis için tuz ve karabiber serpin.

Kırmızı Biberli Brokoli Çorbası

Hazırlama + Pişirme Süresi: 1 saat 25 dakika | Porsiyon: 8)

İçindekiler

2 yemek kaşığı zeytinyağı

1 büyük soğan, doğranmış

2 diş sarımsak, dilimlenmiş

tatmak için tuz

$\frac{1}{8}$ çay kaşığı ezilmiş kırmızı pul biber

1 brokoli başı, çiçeklere ayrılmış

1 elma, soyulmuş ve doğranmış

6 su bardağı sebze suyu

Talimatlar

Bir su banyosu hazırlayın ve Sous Vide'ı içine yerleştirin. 183 F olarak ayarlayın.

Orta ateşte bir tavayı parıldayana kadar yağ ile ısıtın. Soğanı, 1/4 yemek kaşığı tuzu ve sarımsağı 7 dakika soteleyin. İçine pul biberi ekleyin ve iyice karıştırın. Ateşten alın. Soğutmaya izin ver.

Elmayı, brokoliyi, soğan karışımını ve 1/4 yemek kaşığı tuzu vakumlu bir torbaya koyun. Su yer değiştirme yöntemiyle havayı boşaltın, kapatın ve torbayı su banyosuna daldırın. 1 saat pişirin.

Zamanlayıcı durduktan sonra torbayı çıkarın ve bir tencereye aktarın. Sebze suyuna dökün ve karıştırın. Tuzla tatlandırın ve servis yapın.

Yenibahar Miso Susamlı ve Ballı Mısır

Hazırlama + Pişirme Süresi: 45 dakika | Porsiyon: 4

İçindekiler

4 kulak mısır

6 yemek kaşığı tereyağı

3 yemek kaşığı kırmızı miso ezmesi

1 tatlı kaşığı bal

1 çay kaşığı yenibahar

1 yemek kaşığı kanola yağı

1 yeşil soğan, ince dilimlenmiş

1 tatlı kaşığı kavrulmuş susam

Talimatlar

Bir su banyosu hazırlayın ve Sous Vide'ı içine yerleştirin. 183 F'ye ayarlayın. Mısırları temizleyin ve kulakları kesin. Her mısırı 2 yemek kaşığı tereyağı ile kaplayın. Vakumlanabilir bir torbaya koyun. Su yer değiştirme yöntemiyle havayı boşaltın, kapatın ve torbayı su banyosuna daldırın. 30 dakika pişirin.

Bu arada 4 yemek kaşığı tereyağı, 2 yemek kaşığı miso ezmesi, bal, kanola yağı ve yenibaharı bir kasede birleştirin. İyice karıştırın. Kenara koyun. Zamanlayıcı durduktan sonra torbayı çıkarın ve mısırı kavurun. Üzerine miso karışımını yayın. Susam yağı ve yeşil soğan ile süsleyin.

Bezelye ile Kremalı Gnocchi

Hazırlama + Pişirme Süresi: 1 saat 50 dakika | Porsiyon: 2

İçindekiler

1 paket gnocchi

1 yemek kaşığı tereyağı

½ ince dilimlenmiş tatlı soğan

Tatmak için tuz ve karabiber

½ su bardağı donmuş bezelye

¼ fincan ağır krema

½ su bardağı rendelenmiş Pecorino Romano peyniri

Talimatlar

Bir su banyosu hazırlayın ve Sous Vide'ı içine yerleştirin. 183 F'ye ayarlayın. Gnocchi'yi vakumla kapatılabilen bir torbaya koyun. Su yer değiştirme yöntemiyle havayı boşaltın, kapatın ve torbayı su banyosuna daldırın. 1 saat 30 dakika pişirin.

Zamanlayıcı durduktan sonra çantayı çıkarın ve bir kenara koyun. Bir tavayı orta ateşte tereyağı ile ısıtın ve soğanı 3 dakika soteleyin. Dondurulmuş bezelye ve kremayı ekleyip pişirin. Gnocchi'yi krema sosuyla birleştirin, karabiber ve tuz ekleyin ve bir tabakta servis yapın.

Ballı Elma ve Roka Salatası

Hazırlama + Pişirme Süresi: 3 saat 50 dakika | Porsiyon: 4

İçindekiler

2 yemek kaşığı bal

2 elma, özlü, ikiye bölünmüş ve dilimlenmiş

½ fincan ceviz, kızartılmış ve doğranmış

½ su bardağı rendelenmiş Grana Padano peyniri

4 bardak roka

tatmak için deniz tuzu

<u>Pansuman</u>

¼ su bardağı zeytinyağı

1 yemek kaşığı beyaz şarap sirkesi

1 çay kaşığı Dijon hardalı

1 diş sarımsak, kıyılmış

tatmak için tuz

Talimatlar

Bir su banyosu hazırlayın ve Sous Vide'ı içine yerleştirin. 158 F'ye ayarlayın. Balı bir cam kaseye koyun ve 30 saniye ısıtın, elmaları ekleyin ve iyice karıştırın. Vakumlanabilir bir torbaya koyun. Su yer değiştirme yöntemiyle havayı boşaltın, kapatın ve torbayı su banyosuna daldırın. 30 dakika pişirin.

Zamanlayıcı durduktan sonra torbayı çıkarın ve 5 dakika buzlu su banyosuna aktarın. 3 saat buzdolabında bekletin. Tüm sos malzemelerini bir kavanozda birleştirin ve iyice çalkalayın. Bir süre buzdolabında soğumaya bırakın.

Bir kapta roka, ceviz ve Grana Padano peynirini karıştırın. Şeftali dilimlerini ekleyin. Giyinme ile üst. Tuz ve karabiber serpin ve servis yapın.

Kireç Tereyağı Soslu Yengeç Eti

Hazırlama + Pişirme Süresi: 70 dakika | Porsiyon: 4

İçindekiler

6 diş sarımsak, kıyılmış

½ kireçten lezzet ve meyve suyu

1 pound yengeç eti

4 yemek kaşığı tereyağı

Talimatlar

Bir su banyosu hazırlayın ve Sous Vide'ı içine yerleştirin. 137 F'ye ayarlayın. Sarımsağın yarısını, limon kabuğu rendesini ve limon suyunun yarısını iyice karıştırın. Kenara koyun. Yengeç eti, tereyağı ve misket limonu karışımını vakumlu bir torbaya koyun. Su yer değiştirme yöntemiyle havayı boşaltın, kapatın ve torbayı su banyosuna daldırın. 50 dakika pişirin. Zamanlayıcı durduktan sonra çantayı çıkarın. Pişirme sıvılarını atın.

Bir tencereyi orta-düşük ateşte ısıtın ve kalan tereyağını, kalan limon karışımını ve kalan limon suyunu dökün. Yengeci limon yağı serpilmiş 4 kapta servis edin.

Hızlı Kuzey Tarzı Somon

Hazırlama + Pişirme Süresi: 30 dakika | Porsiyon: 4

İçindekiler

1 yemek kaşığı zeytinyağı

4 somon filetosu, derisi alınmış

Tatmak için tuz ve karabiber

1 limonun kabuğu ve suyu

2 yemek kaşığı sarı hardal

2 çay kaşığı susam yağı

Talimatlar

Bir su banyosu hazırlayın ve içine Sous Vide koyun. 114 F'ye ayarlayın. Somonu tuz ve karabiberle tatlandırın. Limon kabuğu rendesi ve suyu, yağı ve hardalı birleştirin. Somonu hardal karışımıyla birlikte 2 adet vakumlu poşete koyun. Su yer değiştirme yöntemiyle havayı boşaltın, torbaları kapatın ve banyoya daldırın. 20 dakika pişirin. Susam yağını bir tavada ısıtın. Zamanlayıcı durduktan sonra somonu çıkarın ve kurulayın. Somonu tavaya aktarın ve her yüzünü 30 saniye kızartın.

Hardal ve Tamari Soslu Lezzetli Alabalık

Hazırlama + Pişirme Süresi: 35 dakika | Porsiyon: 4

İçindekiler

¼ su bardağı zeytinyağı

4 alabalık filetosu, derisi alınmış ve dilimlenmiş

½ su bardağı Tamari sosu

¼ fincan açık kahverengi şeker

2 diş sarımsak, kıyılmış

1 yemek kaşığı Coleman hardalı

Talimatlar

Bir su banyosu hazırlayın ve içine Sous Vide koyun. 130 F'ye ayarlayın. Tamari sosu, esmer şeker, zeytinyağı ve sarımsağı birleştirin. Alabalığı tamari karışımı ile vakumla kapatılabilen bir torbaya koyun. Su yer değiştirme yöntemiyle havayı boşaltın, kapatın ve torbayı su banyosuna daldırın. 30 dakika pişirin.

Zamanlayıcı durduktan sonra alabalığı çıkarın ve mutfak havlusu ile kurulayın. Pişirme sıvılarını atın. Tamari sosu ve hardalla süsleyerek servis yapın.

Zencefil Soslu Susamlı Ton Balığı

Hazırlama + Pişirme Süresi: 45 dakika | Porsiyon: 6

İçindekiler:

<u>Tuna:</u>

3 ton balığı bifteği

Tatmak için tuz ve karabiber

⅓ su bardağı zeytinyağı

2 yemek kaşığı kanola yağı

½ su bardağı siyah susam

½ su bardağı beyaz susam

<u>Zencefil Sosu:</u>

1 inç zencefil, rendelenmiş

2 arpacık soğan, kıyılmış

1 kırmızı biber, kıyılmış

3 yemek kaşığı su

2 ½ limon suyu

1 ½ yemek kaşığı pirinç sirkesi

2 ½ yemek kaşığı soya sosu

1 yemek kaşığı balık sosu

1 ½ yemek kaşığı şeker

1 demet yeşil marul yaprağı

Talimatlar:

Sosla başlayın: küçük bir tavayı kısık ateşe koyun ve zeytinyağını ekleyin. Isındıktan sonra zencefil ve pul biberi ekleyin. 3 dakika pişirin Şeker ve sirke ekleyin, karıştırın ve şeker eriyene kadar pişirin. Su ekleyin ve kaynatın. Soya sosu, balık sosu ve limon suyunu ekleyin ve 2 dakika pişirin. Soğuması için kenara alın.

Bir su banyosu yapın, içine Sous Vide koyun ve 110 F'ye ayarlayın. Ton balığını tuz ve karabiberle tatlandırın ve 3 ayrı vakumlu poşete koyun. Zeytinyağı ekleyin, su yer değiştirme yöntemiyle torbanın havasını alın, kapatın ve torbayı su banyosuna daldırın. Zamanlayıcıyı 30 dakikaya ayarlayın.

Zamanlayıcı durduktan sonra, torbayı çıkarın ve mührünü açın. Ton balığını bir kenara koyun. Düşük ısıda bir tava koyun ve kanola yağı ekleyin. Isıtırken susam tohumlarını bir kapta karıştırın. Ton balığını kurutun, susam tohumlarına bulayın ve tohumlar kızarmaya başlayana kadar ısıtılmış yağda üstünü ve altını kızartın.

Ton balığını ince şeritler halinde dilimleyin. Bir servis tabağını marulla kaplayın ve ton balığını marul yatağına yerleştirin. Başlangıç olarak zencefil sosu ile servis yapın.

İlahi Sarımsaklı-Limonlu Yengeç Böreği

Hazırlama + Pişirme Süresi: 60 dakika | Porsiyon: 4

İçindekiler

4 yemek kaşığı tereyağı

1 pound pişmiş yengeç eti

2 diş sarımsak, kıyılmış

½ limonun kabuğu ve suyu

½ su bardağı mayonez

1 rezene ampulü, doğranmış

Tatmak için tuz ve karabiber

4 rulo, bölünmüş, yağlanmış ve kızartılmış

Talimatlar

Bir su banyosu hazırlayın ve içine Sous Vide koyun. 137 F'ye ayarlayın. Sarımsak, limon kabuğu rendesi ve 1/4 fincan limon suyunu birleştirin. Yengeç etini, tereyağ ve limon karışımı ile vakumla kapatılabilen bir torbaya koyun. Su yer değiştirme yöntemiyle havayı boşaltın, kapatın ve torbayı su banyosuna daldırın. 50 dakika pişirin.

Zamanlayıcı durduktan sonra torbayı çıkarın ve bir kaseye aktarın. Pişirme sıvılarını atın. Yengeç etini kalan limon suyu, mayonez, rezene, dereotu, tuz ve karabiberle birleştirin. Servis yapmadan önce ruloları yengeç eti karışımıyla doldurun.

Limon Soslu Baharatlı Kömürleşmiş Ahtapot

Hazırlama + Pişirme Süresi: 4 saat 15 dakika | Porsiyon: 4

İçindekiler

5 yemek kaşığı zeytinyağı

1 pound ahtapot dokunaçları

Tatmak için tuz ve karabiber

2 yemek kaşığı limon suyu

1 yemek kaşığı limon kabuğu rendesi

1 yemek kaşığı kıyılmış taze maydanoz

1 çay kaşığı kekik

1 yemek kaşığı kırmızı biber

Talimatlar

Bir su banyosu hazırlayın ve Sous Vide'ı içine yerleştirin. 179 F'ye ayarlayın. Dokunaçları orta uzunlukta kesin. Tuz ve karabiber serpin. Uzunları zeytinyağı ile vakumlu bir torbaya koyun. Su yer değiştirme yöntemiyle havayı boşaltın, kapatın ve torbayı su banyosuna daldırın. 4 saat pişirin.

Zamanlayıcı durduktan sonra ahtapotu çıkarın ve mutfak havlusu ile kurulayın. Pişirme sıvılarını atın. Zeytinyağı serpin.

Bir ızgarayı orta ateşte ısıtın ve dokunaçları her bir tarafta 10-15 saniye kızartın. Kenara koyun. Limon suyu, limon kabuğu rendesi, kırmızı biber, kekik ve maydanozu iyice karıştırın. Ahtapotu limon sosu ile doldurun.

Creole Karides Kebapları

Hazırlama + Pişirme Süresi: 50 dakika | Porsiyon: 4

İçindekiler

1 limonun kabuğu ve suyu

6 yemek kaşığı tereyağı

2 diş sarımsak, kıyılmış

Tatmak için tuz ve beyaz biber

1 yemek kaşığı Creole baharatı

1½ pound karides, ayıklanmış

1 yemek kaşığı kıyılmış taze dereotu + garnitür için
limon dilimleri

Talimatlar

Bir su banyosu hazırlayın ve Sous Vide'ı içine yerleştirin. 137 F olarak ayarlayın.

Orta ateşte bir tencerede tereyağını eritin ve sarımsak, Creole baharatı, limon kabuğu rendesi ve suyu, tuz ve karabiber ekleyin. Tereyağı eriyene kadar 5 dakika pişirin. Bir kenara koyun ve soğumaya bırakın.

Karidesleri tereyağlı karışımla birlikte vakumlu bir poşete koyun. Su yer değiştirme yöntemiyle havayı boşaltın, kapatın ve torbayı su banyosuna daldırın. 30 dakika pişirin.

Zamanlayıcı durduktan sonra karidesleri çıkarın ve mutfak havlusu ile kurulayın. Pişirme sıvılarını atın. Karidesleri kebapların üzerine geçirin ve dereotu ile süsleyin ve servis yapmak için limon sıkın.

Baharatlı Soslu Karides

Hazırlama + Pişirme Süresi: 40 dakika + Soğutma Süresi |
Porsiyon: 5

İçindekiler

2 pound karides, ayıklanmış ve soyulmuş

1 su bardağı domates püresi

2 yemek kaşığı yaban turpu sosu

1 çay kaşığı limon suyu

1 tatlı kaşığı Tabasco sosu

Tatmak için tuz ve karabiber

Talimatlar

Bir su banyosu hazırlayın ve içine Sous Vide koyun. 137 F'ye ayarlayın. Karidesleri vakumlu bir torbaya koyun. Su yer değiştirme yöntemiyle havayı boşaltın, kapatın ve torbayı banyoya daldırın. 30 dakika pişirin.

Zamanlayıcı durduktan sonra torbayı çıkarın ve 10 dakika buzlu su banyosuna aktarın. 1-6 saat buzdolabında soğumaya bırakın. Domates püresi, yabanturpu sosu, soya sosu, limon suyu, Tabasco sosu, tuz ve karabiberi iyice karıştırın. Karidesleri sosla birlikte servis edin.

Arpacık ve Tarhun ile Halibut

Hazırlama + Pişirme Süresi: 50 dakika | Porsiyon: 2

İçindekiler:

2 lb pisi balığı filetosu

3 dal tarhun yaprağı

1 çay kaşığı sarımsak tozu

1 tatlı kaşığı soğan tozu

Tatmak için tuz ve beyaz biber

2 ½ çay kaşığı + 2 çay kaşığı tereyağı

2 arpacık soğan, soyulmuş ve ikiye bölünmüş

2 dal kekik

Süslemek için limon dilimleri

Talimatlar:

Bir su banyosu yapın, içine Sous Vide koyun ve 124 F'ye ayarlayın. Pisi balığı filetolarını 3 parçaya bölün ve tuz, sarımsak tozu, soğan tozu ve karabiberle ovun. Filetoları, tarhunları ve 2 ½ çay kaşığı tereyağını 3 farklı vakumlu poşete koyun. Su yer değiştirme yöntemiyle havayı boşaltın ve torbaları kapatın. Su banyosuna koyun ve 40 dakika pişirin.

Zamanlayıcı durduktan sonra poşetleri çıkarın ve mühürlerini açın. Düşük ısıda bir tava koyun ve kalan tereyağını ekleyin. Isıtıldıktan sonra halibutların derisini çıkarın ve kurulayın. Arpacık soğanlı ve kekikli pisi balıklarını ekleyin ve altını ve üstünü çıtır çıtır olana kadar kavurun. Limon dilimleri ile süsleyin. Yanında buğulanmış sebzelerle servis yapın.

Ot Tereyağı Limon Morina

Hazırlama + Pişirme Süresi: 37 dakika | Porsiyon: 6

İçindekiler

8 yemek kaşığı tereyağı

6 morina filetosu

Tatmak için tuz ve karabiber

½ limon kabuğu rendesi

1 yemek kaşığı kıyılmış taze dereotu

½ yemek kaşığı kıyılmış taze frenk soğanı

½ yemek kaşığı kıyılmış taze fesleğen

½ yemek kaşığı kıyılmış taze adaçayı

Talimatlar

Bir su banyosu hazırlayın ve Sous Vide'ı içine yerleştirin. 134 F'ye ayarlayın. Morinaya tuz ve karabiber serpin. Morina ve limon kabuğunu vakumlu bir torbaya koyun.

Ayrı bir vakumlu poşete tereyağı, dereotu, frenk soğanı, fesleğen ve adaçayı koyun. Su yer değiştirme yöntemiyle havayı boşaltın, kapatın ve her iki torbayı da su banyosuna daldırın. 30 dakika pişirin.

Zamanlayıcı durduktan sonra morina balığını çıkarın ve mutfak havlusu ile kurulayın. Pişirme sıvılarını atın. Tereyağını diğer poşetten alıp morinaların üzerine dökün. Kalan dereotu ile süsleyin.

Beurre Nantais ile orfoz

Hazırlama + Pişirme Süresi: 45 dakika | Porsiyon: 6

İçindekiler:

Orfoz:

2 lb orfoz, her biri 3 parçaya bölünmüş

1 çay kaşığı toz kimyon

½ çay kaşığı sarımsak tozu

½ çay kaşığı soğan tozu

½ çay kaşığı kişniş tozu

¼ bardak balık baharatı

¼ fincan pekan yağı

Tatmak için tuz ve beyaz biber

Beurre Blanc:

1 lb tereyağı

2 yemek kaşığı elma sirkesi

2 arpacık soğan, kıyılmış

1 çay kaşığı karabiber, ezilmiş

5 ons ağır krema,

tatmak için tuz

2 dal dereotu

1 yemek kaşığı limon suyu

1 yemek kaşığı safran tozu

Talimatlar:

Bir su banyosu yapın, içine Sous Vide koyun ve 132 F'ye ayarlayın. Orfoz parçalarını tuz ve beyaz biberle baharatlayın. Vakumla kapatılabilen bir torbaya koyun, suyla yer değiştirme yöntemiyle havayı boşaltın, kapatın ve torbayı su banyosuna daldırın. Zamanlayıcıyı 30 dakikaya ayarlayın. Kimyon, sarımsak, soğan, kişniş ve balık baharatını karıştırın. Kenara koyun.

Bu sırada beurre blanc'ı hazırlayın. Orta ateşte bir tava koyun ve arpacık, sirke ve karabiber ekleyin. Şurup elde etmek için pişirin. Ateşi kısın ve sürekli karıştırarak tereyağı ekleyin. Dereotu, limon suyu ve safran tozunu ekleyip sürekli karıştırarak 2 dakika pişirin. Kremayı ekleyin ve tuzla tatlandırın. 1 dakika pişirin. Isıyı kapatın ve bir kenara koyun.

Zamanlayıcı durduktan sonra, torbayı çıkarın ve mührünü açın. Orta ateşte bir tava koyun, pekan yağı ekleyin. Orfozu kurutun ve baharat karışımıyla baharatlayın ve ısıtılmış yağda kızartın. Orfoz ve beurre nantais'i buğulanmış ıspanakla servis edin.

ton balığı gevreği

Hazırlama + Pişirme Süresi: 1 saat 45 dakika | Porsiyon: 4

İçindekiler:

¼ lb ton balığı biftek

1 çay kaşığı biberiye yaprağı

1 çay kaşığı kekik yaprağı

2 su bardağı zeytinyağı

1 diş sarımsak, kıyılmış

Talimatlar:

Bir su banyosu yapın, içine Sous Vide koyun ve 135 F'ye ayarlayın. Ton balığı bifteğini, tuzu, biberiyeyi, sarımsağı, kekiği ve iki yemek kaşığı yağı vakumlu poşete koyun. Su yer değiştirme yöntemiyle havayı boşaltın, kapatın ve torbayı su banyosuna daldırın. Zamanlayıcıyı 1 saat 30 dakikaya ayarlayın.

Zamanlayıcı durduktan sonra çantayı çıkarın. Ton balığını bir kaseye koyun ve bir kenara koyun. Yüksek ateşte bir tava koyun, kalan zeytinyağını ekleyin. Isındıktan sonra ton balığının üzerine dökün. İki çatal kullanarak ton balığını parçalayın. Bir haftaya kadar zeytinyağı ile hava geçirmez bir kapta aktarın ve saklayın. Salatalarda servis yapın.

tereyağlı deniz tarağı

Hazırlama + Pişirme Süresi: 55 dakika | Porsiyon: 3

İçindekiler:

½ lb deniz tarağı

3 yemek kaşığı tereyağı (pişirmek için 2 yemek kaşığı + kızartmak için 1 yemek kaşığı)

Tatmak için tuz ve karabiber

Talimatlar:

Bir su banyosu yapın, içine Sous Vide koyun ve 140 F'ye ayarlayın. Bir kağıt havlu kullanarak tarakları kurulayın. Deniz tarağı, tuz, 2 yemek kaşığı tereyağı ve biberi vakumlu bir torbaya koyun. Su yer değiştirme yöntemiyle havayı boşaltın, kapatın ve torbayı su banyosuna daldırın ve zamanlayıcıyı 40 dakikaya ayarlayın.

Zamanlayıcı durduktan sonra, torbayı çıkarın ve mührünü açın. Bir kağıt havlu kullanarak tarakları kurulayın ve bir kenara koyun. Orta ateşte ve kalan tereyağında bir tava ayarlayın. Eridikten sonra, tarakların her iki tarafını altın rengi kahverengi olana kadar kızartın. Tereyağlı karışık sebzelerin yanında servis yapın.

naneli sardalye

Hazırlama + Pişirme Süresi: 1 saat 20 dakika | Porsiyon: 3

İçindekiler:

2 pound sardalye

¼ su bardağı zeytinyağı

3 diş sarımsak, ezilmiş

1 büyük limon, taze sıkılmış

2 dal taze nane

Tatmak için tuz ve karabiber

Talimatlar:

Her balığı yıkayın ve temizleyin, ancak deriyi koruyun. Bir mutfak kağıdı kullanarak kurulayın.

Büyük bir kapta zeytinyağını sarımsak, limon suyu, taze nane, tuz ve karabiberle birleştirin. Sardalyaları, marine ile birlikte vakumla kapatılabilen büyük bir torbaya koyun. 104 F'de bir su banyosunda bir saat pişirin. Banyodan çıkarın ve süzün, ancak sosu ayırın. Balığı sos ve buğulanmış pırasa ile gezdirin.

Beyaz Şarapta Çipura

Hazırlama + Pişirme Süresi: 2 saat | Porsiyon: 2

İçindekiler:

1 pound çipura, yaklaşık 1 inç kalınlığında, temizlenmiş

1 su bardağı sızma zeytinyağı

1 limon, suyu sıkılmış

1 yemek kaşığı şeker

1 yemek kaşığı kurutulmuş biberiye

½ yemek kaşığı kurutulmuş kekik

2 diş sarımsak, ezilmiş

½ bardak beyaz şarap

1 tatlı kaşığı deniz tuzu

Talimatlar:

Zeytinyağını büyük bir kapta limon suyu, şeker, biberiye, kekik, ezilmiş sarımsak, şarap ve tuzla birleştirin. Balıkları bu karışıma batırın ve buzdolabında bir saat marine edin. Buzdolabından çıkarın ve boşaltın, ancak sıvıyı servis için ayırın. Filetoları vakumla kapatılabilen büyük bir torbaya koyun ve kapatın. En Sous Vide'ı 122 F'de 40 dakika pişirin. Kalan turşuyu filetoların üzerine gezdirin ve servis yapın.

Avokadolu Somon & Kale Salatası

Hazırlama + Pişirme Süresi: 1 saat | Porsiyon: 3

İçindekiler:

1 pound derisiz somon fileto

Tatmak için tuz ve karabiber

½ organik limon, suyu sıkılmış

1 yemek kaşığı zeytinyağı

1 bardak lahana yaprağı, kıyılmış

½ fincan kavrulmuş havuç, dilimlenmiş

½ olgun avokado, küçük küpler halinde kesilmiş

1 yemek kaşığı taze dereotu

1 yemek kaşığı taze maydanoz yaprağı

Talimatlar:

Filetoyu her iki tarafına da tuz ve karabiber serpin ve büyük, vakumlu bir torbaya koyun. Torbayı kapatın ve 122 F'de 40 dakika en-sous vide pişirin. Somonu su banyosundan çıkarın ve bir kenara koyun.

Limon suyu, bir tutam tuz ve karabiberi bir karıştırma kabında çırpın ve sürekli çırparak yavaş yavaş zeytinyağını ekleyin. Kıyılmış lahanayı ekleyin ve salata sosu ile eşit şekilde kaplamak için fırlatın. Kavrulmuş havuç, avokado, dereotu ve maydanozu ekleyin. Birleştirmek için yavaşça atın. Servis kasesine aktarın ve üzerine somon ile servis yapın.

zencefilli somon

Hazırlama + Pişirme Süresi: 45 dakika | Porsiyon: 4

İçindekiler:

4 somon filetosu, derisi ile

2 çay kaşığı susam yağı

1 ½ zeytinyağı

2 yemek kaşığı zencefil, rendelenmiş

2 yemek kaşığı şeker

Talimatlar:

Bir su banyosu yapın, içine Sous Vide yerleştirin ve 124F'ye ayarlayın. Somonu tuz ve karabiberle tatlandırın. Listelenen kalan malzemeyi bir kaseye koyun ve karıştırın.

Somon ve şeker karışımını iki vakumlu poşete koyun, su değiştirme yöntemiyle havayı boşaltın, poşeti kapatın ve su banyosuna daldırın. Zamanlayıcıyı 30 dakikaya ayarlayın.

Zamanlayıcı durduktan sonra, torbayı çıkarın ve mührünü açın. Orta ateşte bir tava koyun, altına bir parça parşömen kağıdı koyun ve ön ısıtma yapın. Somonu ekleyin, derisi aşağı gelecek şekilde ekleyin ve her birini 1 dakika kavurun. Yanında tereyağlı brokoli ile servis yapın.

Taze Limon Suyunda Midye

Hazırlama + Pişirme Süresi: 40 dakika | Porsiyon: 2

İçindekiler:

1 pound taze midye, sakallı

1 orta boy soğan, soyulmuş ve ince doğranmış

Diş sarımsak, ezilmiş

½ su bardağı taze sıkılmış limon suyu

¼ fincan taze maydanoz, ince kıyılmış

1 yemek kaşığı biberiye, ince kıyılmış

2 yemek kaşığı zeytinyağı

Talimatlar:

Midyeleri limon suyu, sarımsak, soğan, maydanoz, biberiye ve zeytinyağı ile birlikte büyük bir vakumlu poşete koyun. En Sous Vide'ı 122 F'de 30 dakika pişirin. Yeşil salata ile servis yapın.

Otla Marine Edilmiş Ton Balığı Biftekleri

Hazırlama + Pişirme Süresi: 1 saat 25 dakika | Porsiyon: 5

İçindekiler:

2 pound ton balığı bifteği, yaklaşık 1 inç kalınlığında

1 çay kaşığı kuru kekik, öğütülmüş

1 çay kaşığı taze fesleğen, ince kıyılmış

¼ fincan ince kıyılmış arpacık

2 yemek kaşığı taze maydanoz, ince kıyılmış

1 yemek kaşığı taze dereotu, ince kıyılmış

1 çay kaşığı taze rendelenmiş limon kabuğu rendesi

½ su bardağı susam

4 yemek kaşığı zeytinyağı

Tatmak için tuz ve karabiber

Talimatlar:

Ton balığı filetolarını akan soğuk su altında yıkayın ve mutfak kağıdıyla kurulayın. Kenara koyun.

Geniş bir kapta kekik, fesleğen, arpacık soğanı, maydanoz, dereotu, yağ, tuz ve karabiberi karıştırın. İyice karışana kadar karıştırın ve ardından biftekleri bu turşunun içinde ıslatın. İyice kaplayın ve 30 dakika soğutun.

Biftekleri, marine ile birlikte vakumla kapatılabilen büyük bir torbaya koyun. Havayı çıkarmak ve kapağı kapatmak için torbaya basın. Sous Vide ile 131 derecede 40 dakika pişirin.

Biftekleri poşetten çıkarın ve bir mutfak kağıdına aktarın. Yavaşça kurulayın ve otları çıkarın. Bir tavayı yüksek sıcaklıkta önceden ısıtın. Biftekleri susam tohumlarına bulayın ve tavaya aktarın. Her iki tarafını da 1 dakika pişirin ve ocaktan alın.

yengeç eti köftesi

Hazırlama + Pişirme Süresi: 65 dakika | Porsiyon: 4

İçindekiler:

1 pound parça yengeç eti

1 bardak kırmızı soğan, ince kıyılmış

½ su bardağı kırmızı biber, ince kıyılmış

2 yemek kaşığı acı biber, ince kıyılmış

1 yemek kaşığı kereviz yaprağı, ince kıyılmış

1 yemek kaşığı maydanoz yaprağı, ince kıyılmış

½ çay kaşığı tarhun, ince kıyılmış

Tatlandırmak için tuz ve karabiber

4 yemek kaşığı zeytinyağı

2 yemek kaşığı badem unu

3 yumurta, çırpılmış

Talimatlar:

2 yemek kaşığı zeytinyağını bir tavada kızdırıp soğanları ekleyin. Yarı saydam olana kadar kızartın ve doğranmış kırmızı biber ve acı biber ekleyin. Sürekli karıştırarak 5 dakika pişirin.

Büyük bir kaseye aktarın. Yengeç eti, kereviz, maydanoz, tarhun, tuz, karabiber, badem unu ve yumurtaları ekleyin. İyice karıştırın ve karışımı 2 inç çapında köfteler halinde kalıplayın. Köfteleri 2 vakumlu poşet arasında nazikçe bölün ve kapatın. Sous vide'de 122 F'de 40 dakika pişirin.

Kalan zeytinyağını yapışmaz bir ızgara tavasında yüksek ateşte ısıtın. Köfteleri su banyosundan çıkarın ve bir tavaya aktarın. Kısaca her iki tarafını da 3-4 dakika kızartıp servis yapın.

acı biber

Hazırlama + Pişirme Süresi: 1 saat 15 dakika | Porsiyon: 5

İçindekiler:

1 pound taze kokular

½ su bardağı limon suyu

3 diş sarımsak, ezilmiş

1 çay kaşığı tuz

1 su bardağı sızma zeytinyağı

2 yemek kaşığı taze dereotu, ince kıyılmış

1 yemek kaşığı frenk soğanı, kıyılmış

1 yemek kaşığı acı biber, öğütülmüş

Talimatlar:

Smeltleri soğuk akan su altında durulayın ve boşaltın. Kenara koyun.

Büyük bir kapta zeytinyağını limon suyu, ezilmiş sarımsak, deniz tuzu, ince kıyılmış dereotu, kıyılmış frenk soğanı ve acı biberle birleştirin. Erikleri bu karışıma koyun ve üzerini kapatın. 20 dakika soğutun.

Buzdolabından çıkarın ve turşuyla birlikte vakumla kapatılabilen büyük bir torbaya koyun. Sous vide'de 104 F'de 40 dakika pişirin. Su banyosundan çıkarın ve boşaltın ancak sıvıyı ayırın.

Büyük bir tavayı orta ateşte ısıtın. Smeltleri ekleyin ve ters çevirerek 3-4 dakika kısaca pişirin. Ateşten alıp servis tabağına aktarın. Marine ile gezdirin ve hemen servis yapın.

Marine edilmiş yayın balığı filetosu

Hazırlama + Pişirme Süresi: 1 saat 20 dakika | Porsiyon: 3

İçindekiler:

1 pound yayın balığı filetosu

½ su bardağı limon suyu

½ su bardağı maydanoz yaprağı, ince kıyılmış

2 diş sarımsak, ezilmiş

1 su bardağı soğan, ince kıyılmış

1 yemek kaşığı taze dereotu, ince kıyılmış

1 yemek kaşığı taze biberiye yaprağı, ince kıyılmış

2 su bardağı taze sıkılmış elma suyu

2 yemek kaşığı Dijon hardalı

1 su bardağı sızma zeytinyağı

Talimatlar:

Büyük bir kapta limon suyu, maydanoz yaprağı, ezilmiş sarımsak, ince doğranmış soğan, taze dereotu, biberiye, elma suyu, hardal ve zeytinyağını karıştırın. İyice karışana kadar birlikte çırpın. Filetoları bu karışıma batırın ve sıkı bir kapakla kapatın. 30 dakika soğutun.

Buzdolabından çıkarın ve 2 adet vakumlu poşete koyun. Mühürleyin ve 122 F'de 40 dakika Sous Vide'de pişirin. Çıkarın ve boşaltın; sıvıyı rezerve edin. Üzerine kendi suyu gezdirilerek servis edilir.

Maydanozlu Limonlu Karides

Hazırlama + Pişirme Süresi: 35 dakika | Porsiyon: 4

İçindekiler:

12 büyük karides, soyulmuş ve kabuğu çıkarılmış

1 çay kaşığı tuz

1 çay kaşığı şeker

3 çay kaşığı zeytinyağı

1 defne yaprağı

1 dal maydanoz, kıyılmış

2 yemek kaşığı limon kabuğu rendesi

1 yemek kaşığı limon suyu

Talimatlar:

Bir su banyosu yapın, içine Sous Vide koyun ve 156 F'ye ayarlayın. Bir kaseye karides, tuz ve şeker ekleyin, karıştırın ve 15 dakika bekletin. Karidesleri, defne yaprağını, zeytinyağını ve limon kabuğunu vakumlu bir poşete koyun. Su yer değiştirme yöntemiyle havayı boşaltın ve kapatın. Banyoya daldırın ve 10 dakika pişirin. Zamanlayıcı durduktan sonra, torbayı çıkarın ve mührünü açın. Karidesleri bulayın ve üzerine limon suyu gezdirin.

Sous Vide Halibut

Hazırlama + Pişirme Süresi: 1 saat 20 dakika | Porsiyon: 4

İçindekiler:

1 pound pisi balığı filetosu

3 yemek kaşığı zeytinyağı

¼ fincan arpacık soğanı, ince kıyılmış

1 çay kaşığı taze rendelenmiş limon kabuğu rendesi

½ çay kaşığı kuru kekik, öğütülmüş

1 yemek kaşığı taze maydanoz, ince kıyılmış

1 çay kaşığı taze dereotu, ince kıyılmış

Tatmak için tuz ve karabiber

Talimatlar:

Balıkları akan soğuk su altında yıkayın ve mutfak kağıdıyla kurulayın. İnce dilimler halinde kesin, bolca tuz ve karabiber serpin. Vakumla kapatılabilen büyük bir torbaya koyun ve iki yemek kaşığı zeytinyağı ekleyin. Arpacık soğanı, kekik, maydanoz, dereotu, tuz ve karabiberle tatlandırın.

Havayı çıkarmak ve kapağı kapatmak için torbaya basın. Tüm filetoları baharatlarla kaplamak için poşeti sallayın ve pişirmeden önce 30 dakika buzdolabında bekletin. Sous vide'de 131 F'de 40 dakika pişirin.

Torbayı sudan çıkarın ve bir süre soğumaya bırakın. Bir mutfak kağıdına koyun ve süzün. Otları çıkarın.

Kalan yağı büyük bir tavada yüksek sıcaklıkta önceden ısıtın. Filetoları ekleyin ve 2 dakika pişirin. Filetoları çevirin ve yaklaşık 35-40 saniye pişirin ve ardından ocaktan alın. Balığı tekrar bir kağıt havluya aktarın ve fazla yağını alın. Hemen servis yapın.

Limon Tereyağı Tabanı

Hazırlama + Pişirme Süresi: 45 dakika | Porsiyon: 3

İçindekiler:

3 tek fileto

1 ½ yemek kaşığı tuzsuz tereyağı

¼ bardak limon suyu

½ çay kaşığı limon kabuğu rendesi

tatmak için limon biberi

Süslemek için 1 tutam maydanoz

Talimatlar:

Bir su banyosu yapın, içine Sous Vide koyun ve 132 F'ye ayarlayın. Tabanı kurulayın ve 3 ayrı vakumlu kapatılabilir torbaya yerleştirin. Su yer değiştirme yöntemiyle havayı boşaltın ve torbaları kapatın. Su banyosuna daldırın ve zamanlayıcıyı 30 dakikaya ayarlayın.

Orta ateşte küçük bir tava koyun, tereyağı ekleyin. Eridikten sonra ocaktan alın. Limon suyu ve limon kabuğu rendesini ekleyip karıştırın.

Zamanlayıcı durduktan sonra, torbayı çıkarın ve mührünü açın. Dil balığı filetolarını servis tabaklarına alın, üzerine tereyağlı sosu gezdirin ve maydanozla süsleyin. Yanında buhar yeşili sebzelerle servis yapın.

fesleğenli morina yahnisi

Hazırlama + Pişirme Süresi: 50 dakika | Porsiyon: 4

İçindekiler:

1 pound morina filetosu

1 su bardağı közlenmiş domates

1 yemek kaşığı fesleğen, kurutulmuş

1 su bardağı balık suyu

2 yemek kaşığı domates salçası

3 kereviz sapı, ince kıyılmış

1 havuç, dilimlenmiş

¼ su bardağı zeytinyağı

1 soğan, ince kıyılmış

½ su bardağı düğme mantarı

Talimatlar:

Zeytinyağını büyük bir tavada orta ateşte ısıtın. Kereviz, soğan ve havuç ekleyin. 10 dakika karıştırarak kızartın. Ateşten alın ve diğer malzemelerle birlikte vakumlu bir torbaya aktarın. Sous vide'de 122 F'de 40 dakika pişirin.

Kolay tilapia

Hazırlama + Pişirme Süresi: 1 saat 10 dakika | Porsiyon: 3

İçindekiler

3 (4 ons) tilapia filetosu

3 yemek kaşığı tereyağı

1 yemek kaşığı elma sirkesi

Tatmak için tuz ve karabiber

Talimatlar:

Bir su banyosu yapın, içine Sous Vide koyun ve 124 F'ye ayarlayın. Tilapyayı biber ve tuzla baharatlayın ve vakumlu bir torbaya koyun. Su yer değiştirme yöntemiyle havayı boşaltın ve torbayı kapatın. Su banyosuna daldırın ve zamanlayıcıyı 1 saate ayarlayın.

Zamanlayıcı durduktan sonra, torbayı çıkarın ve mührünü açın. Orta ateşte bir tava koyun ve tereyağı ve sirke ekleyin. Sirkeyi yarı yarıya azaltmak için kaynatın ve sürekli karıştırın. Tilapiyi ekleyin ve hafifçe kavurun. İsteğe göre tuz ve karabiber serpin. Tereyağlı sebzelerin yanında servis yapın.

Kuşkonmazlı Somon

Hazırlama + Pişirme Süresi: 3 saat 15 dakika | Porsiyon: 6

İçindekiler:

1 pound yabani somon fileto

1 yemek kaşığı zeytinyağı

1 yemek kaşığı kurutulmuş kekik

12 orta boy kuşkonmaz mızrağı

4 adet beyaz soğan halkası

1 yemek kaşığı taze maydanoz

Tatmak için tuz ve karabiber

Talimatlar:

Filetoyu her iki tarafına kekik, tuz ve karabiber serpin ve hafifçe zeytinyağı ile fırçalayın.

Diğer malzemelerle birlikte vakumla kapatılabilen büyük bir yere koyun. Tüm baharatları bir karıştırma kabında birleştirin. Karışımı bifteğin her iki tarafına eşit şekilde sürün ve vakumla kapatılabilen büyük bir torbaya koyun. Torbayı kapatın ve 136 F'de 3 saat boyunca sous vide'de pişirin.

Körili Uskumru

Hazırlama + Pişirme Süresi: 55 dakika | Porsiyon: 3

İçindekiler:

3 uskumru filetosu, kafaları çıkarılmış
3 yemek kaşığı köri ezmesi
1 yemek kaşığı zeytinyağı
Tatmak için tuz ve karabiber

Talimatlar:

Bir su banyosu yapın, içine Sous Vide koyun ve 120 F'ye ayarlayın. Uskumruyu biber ve tuzla baharatlayın ve vakumlu bir torbaya koyun. Su yer değiştirme yöntemiyle havayı boşaltın, kapatın ve su banyosuna daldırın ve zamanlayıcıyı 40 dakikaya ayarlayın.

Zamanlayıcı durduktan sonra, torbayı çıkarın ve mührünü açın. Orta ateşte bir tava koyun, zeytinyağı ekleyin. Uskumruyu köri tozuyla kaplayın (uskumruyu kurutmayın)

Isındıktan sonra uskumruyu ekleyin ve kızarana kadar kavurun. Yanında buğulanmış yeşil yapraklı sebzelerle servis yapın.

biberiye kalamar

Hazırlama + Pişirme Süresi: 1 saat 15 dakika | Porsiyon: 3

İçindekiler:

1 pound taze kalamar, bütün

½ su bardağı sızma zeytinyağı

1 yemek kaşığı pembe Himalaya tuzu

1 yemek kaşığı kuru biberiye

3 diş sarımsak, ezilmiş

3 çeri domates, ikiye bölünmüş

Talimatlar:

Her kalamar akan su altında iyice durulayın. Keskin bir soyma bıçağı kullanarak kafaları çıkarın ve her mürekkep balığını temizleyin.

Büyük bir kapta zeytinyağını tuz, kurutulmuş biberiye, çeri domates ve ezilmiş sarımsakla birleştirin. Kalamarı bu karışıma batırın ve 1 saat buzdolabında bekletin. Ardından çıkarın ve boşaltın. Kalamar ve çeri domatesleri vakumla kapatılabilen büyük bir torbaya koyun. 136 F'de bir saat en-sous vide pişirin.

Kızarmış Limon Karidesleri

Hazırlama + Pişirme Süresi: 50 dakika | Porsiyon: 3

İçindekiler:

1 pound karides, soyulmuş ve kabuğu çıkarılmış

3 yemek kaşığı zeytinyağı

½ su bardağı taze sıkılmış limon suyu

1 diş sarımsak, ezilmiş

1 çay kaşığı taze biberiye, ezilmiş

1 tatlı kaşığı deniz tuzu

Talimatlar:

Zeytinyağını limon suyu, ezilmiş sarımsak, biberiye ve tuzla birleştirin. Bir mutfak fırçası kullanarak, karışımı her karidesin üzerine yayın ve vakumla kapatılabilen büyük bir torbaya koyun. Sous vide'de 104 F'de 40 dakika pişirin.

Ahtapot Izgara

Hazırlama + Pişirme Süresi: 5 saat 20 dakika | Porsiyon: 3

İçindekiler:

½ lb orta boy ahtapot dokunaçları, beyazlatılmış

Tatmak için tuz ve karabiber

3 çay kaşığı + 3 yemek kaşığı zeytinyağı

2 çay kaşığı kurutulmuş kekik

2 dal taze maydanoz, kıyılmış

Buz banyosu için buz

Talimatlar:

Bir su banyosu yapın, içine Sous Vide yerleştirin ve 171 F'ye ayarlayın.

Ahtapot, tuz, 3 çay kaşığı zeytinyağı ve biberi vakumlu poşete koyun. Su yer değiştirme yöntemiyle havayı boşaltın, torbayı kapatın ve su banyosuna daldırın. Zamanlayıcıyı 5 saate ayarlayın.

Zamanlayıcı durduktan sonra torbayı çıkarın ve bir buz banyosuyla örtün. Kenara koyun. Bir ızgarayı önceden ısıtın.

Izgara kızdıktan sonra ahtapotu bir tabağa alın, 3 yemek kaşığı zeytinyağı ekleyin ve masaj yapın. Ahtapotu her iki tarafını güzelce kızartacak şekilde ızgara yapın. Ahtapotu tabağa alın ve maydanoz ve kekikle süsleyin. Tatlı, baharatlı bir sosla servis yapın.

Yabani Somon Biftek

Hazırlama + Pişirme Süresi: 1 saat 25 dakika | Porsiyon: 4

İçindekiler:

2 kilo yabani somon bifteği

3 diş sarımsak, ezilmiş

1 yemek kaşığı taze biberiye, ince kıyılmış

1 yemek kaşığı taze sıkılmış limon suyu

1 yemek kaşığı taze sıkılmış portakal suyu

1 tatlı kaşığı portakal kabuğu

1 çay kaşığı pembe Himalaya tuzu

1 su bardağı balık suyu

Talimatlar:

Portakal suyunu limon suyu, biberiye, sarımsak, portakal kabuğu rendesi ve tuzla birleştirin. Karışımı her bifteğin üzerine fırçalayın ve 20 dakika buzdolabında bekletin. Vakumla kapatılabilen büyük bir torbaya aktarın ve balık suyu ekleyin. Torbayı kapatın ve 131 F'de 50 dakika Sous Vide'de pişirin.

Büyük, yapışmaz bir ızgara tavasını önceden ısıtın. Biftekleri vakumlu poşetten çıkarın ve hafifçe kömürleşene kadar her iki tarafını 3 dakika ızgara yapın.

Tilapya Yahnisi

Hazırlama + Pişirme Süresi: 65 dakika | Porsiyon: 3

İçindekiler:

1 pound tilapia filetosu

½ su bardağı soğan, ince kıyılmış

1 bardak havuç, ince doğranmış

½ su bardağı kişniş yaprağı, ince kıyılmış

3 diş sarımsak, ince kıyılmış

1 su bardağı yeşil biber, ince doğranmış

1 çay kaşığı İtalyan baharat karışımı

1 tatlı kaşığı acı biber

½ çay kaşığı acı biber

1 su bardağı taze domates suyu

Tatmak için tuz ve karabiber

3 yemek kaşığı zeytinyağı

Talimatlar:

Zeytinyağını orta ateşte ısıtın. Doğranmış soğanları ekleyin ve yarı saydam olana kadar karıştırarak kızartın.

Şimdi dolmalık biber, havuç, sarımsak, kişniş, İtalyan baharat karışımı, acı biber, acı biber, tuz ve karabiber ekleyin. İyice karıştırın ve on dakika daha pişirin.

Ateşten alın ve domates suyu ve tilapia filetosu ile birlikte vakumla kapatılabilen büyük bir torbaya aktarın. Sous vide'de 122 F'de 50 dakika pişirin. Su banyosundan çıkarın ve servis yapın.

Karabiberli Tereyağlı Midye

Hazırlama + Pişirme Süresi: 1 saat 30 dakika | Porsiyon: 2

İçindekiler:

4 ons konserve midye

¼ fincan sek beyaz şarap

1 adet doğranmış kereviz sapı

1 doğranmış yaban havucu

1 dörde arpacık

1 defne yaprağı

1 yemek kaşığı karabiber

1 yemek kaşığı zeytinyağı

8 yemek kaşığı oda sıcaklığında tereyağ

1 yemek kaşığı kıyılmış taze maydanoz

2 diş sarımsak, kıyılmış

tatmak için tuz

1 çay kaşığı taze çekilmiş karabiber

¼ fincan panko galeta unu

1 baget, dilimlenmiş

Talimatlar:

Bir su banyosu hazırlayın ve Sous Vide'ı içine yerleştirin. 154 F'ye ayarlayın. Midye, arpacık soğanı, kereviz, yaban havucu, şarap, karabiber, zeytinyağı ve defne yaprağını vakumlu bir torbaya koyun. Su yer değiştirme yöntemiyle havayı boşaltın, kapatın ve torbayı su banyosuna daldırın. 60 dakika pişirin.

Bir blender kullanarak tereyağı, maydanoz, tuz, sarımsak ve öğütülmüş biberi dökün. Kombine olana kadar orta hızda karıştırın. Karışımı plastik bir torbaya koyun ve yuvarlayın. Buzdolabına taşıyın ve soğumaya bırakın.

Zamanlayıcı durduktan sonra salyangozu ve sebzeleri çıkarın. Pişirme sıvılarını atın. Bir tavayı yüksek ateşte ısıtın. Midyelerin üzerine tereyağı sürün, biraz galeta unu serpin ve eriyene kadar 3 dakika pişirin. Sıcak baget dilimleri ile servis yapın.

Kişniş Alabalık

Hazırlama + Pişirme Süresi: 60 dakika | Porsiyon: 4

İçindekiler:

2 pound alabalık, 4 adet

5 diş sarımsak

1 yemek kaşığı deniz tuzu

4 yemek kaşığı zeytinyağı

1 su bardağı kişniş yaprağı, ince kıyılmış

2 yemek kaşığı biberiye, ince kıyılmış

¼ su bardağı taze sıkılmış limon suyu

Talimatlar:

Balıkları güzelce temizleyip durulayın. Mutfak kağıdı ile kurulayın ve tuzla ovun. Sarımsağı zeytinyağı, kişniş, biberiye ve limon suyuyla karıştırın. Her balığı doldurmak için karışımı kullanın. Ayrı bir vakumlu poşete koyun ve kapatın. En Sous Vide'ı 131 F'de 45 dakika pişirin.

kalamar halkaları

Hazırlama + Pişirme Süresi: 1 saat 25 dakika | Porsiyon: 3

İçindekiler:

2 su bardağı kalamar halkası

1 yemek kaşığı taze biberiye

Tatmak için tuz ve karabiber

½ su bardağı zeytinyağı

Talimatlar:

Kalamar halkalarını büyük, temiz bir plastik torbada biberiye, tuz, karabiber ve zeytinyağı ile birleştirin. Torbayı kapatın ve iyice kaplamak için birkaç kez sallayın. Vakumla kapatılabilen büyük bir torbaya aktarın ve torbayı kapatın. Sous vide'de 1 saat 10 dakika 131 F'de pişirin. Su banyosundan çıkarın ve servis yapın.

Acılı Karides & Avokado Salatası

Hazırlama + Pişirme Süresi: 45 dakika | Porsiyon: 4

İçindekiler:

1 doğranmış kırmızı soğan

2 limon suyu

1 çay kaşığı zeytinyağı

¼ çay kaşığı deniz tuzu

⅛ çay kaşığı beyaz biber

1 kiloluk çiğ karides, soyulmuş ve kabuğu çıkarılmış

1 adet doğranmış domates

1 adet doğranmış avokado

1 yeşil biber, çekirdekleri çıkarılmış ve doğranmış

1 yemek kaşığı kıyılmış kişniş

Talimatlar:

Bir su banyosu hazırlayın ve Sous Vide'ı içine yerleştirin. 148 F olarak ayarlayın.

Limon suyu, kırmızı soğan, deniz tuzu, beyaz biber, zeytinyağı ve karidesi vakumlu bir torbaya koyun. Su yer değiştirme yöntemiyle havayı boşaltın, kapatın ve torbayı su banyosuna daldırın. 24 dakika pişirin.

Zamanlayıcı durduktan sonra torbayı çıkarın ve 10 dakika buzlu su banyosuna aktarın. Bir kasede domates, avokado, yeşil acı biber ve kişnişi birleştirin. Torba içeriğini üstüne dökün.

Narenciye Safran Soslu Tereyağlı Kırmızı Balığı

Hazırlama + Pişirme Süresi: 55 dakika | Porsiyon: 4

İçindekiler

4 adet temizlenmiş kırmızı levrek

2 yemek kaşığı tereyağı

Tatmak için tuz ve karabiber

<u>Narenciye Sosu için</u>

1 limon

1 greyfurt

1 kireç

3 portakal

1 çay kaşığı Dijon hardalı

2 yemek kaşığı kanola yağı

1 sarı soğan

1 adet doğranmış kabak

1 çay kaşığı safran ipleri

1 çay kaşığı doğranmış acı biber

1 yemek kaşığı şeker

3 su bardağı balık suyu

3 yemek kaşığı kıyılmış kişniş

Talimatlar

Bir su banyosu hazırlayın ve Sous Vide'ı içine yerleştirin. 132 F'ye ayarlayın. Balık filetolarını tuz ve karabiberle tatlandırın ve vakumlu bir torbaya koyun. Su yer değiştirme yöntemiyle havayı boşaltın, kapatın ve torbayı su banyosuna daldırın. 30 dakika pişirin.

Meyveleri soyun ve küpler halinde doğrayın. Orta ateşte bir tavada yağı ısıtın ve soğan ve kabağı koyun. 2-3 dakika soteleyin. Meyveleri, safranı, biberi, hardalı ve şekeri ekleyin. 1 dakika daha pişirin. Balık suyunu karıştırın ve 10 dakika pişirin. Kişniş ile süsleyin ve bir kenara koyun. Zamanlayıcı durduktan sonra balığı çıkarın ve bir tabağa aktarın. Narenciye-safran sosuyla süsleyin ve servis yapın.

Susam Kabuklu Morina Filetosu

Hazırlama + Pişirme Süresi: 45 dakika | Porsiyon: 2

İçindekiler

1 büyük morina filetosu

2 yemek kaşığı susam ezmesi

1½ yemek kaşığı esmer şeker

2 yemek kaşığı balık sosu

2 yemek kaşığı tereyağı

Susam taneleri

Talimatlar

Bir su banyosu hazırlayın ve Sous Vide'ı içine yerleştirin. 131 F olarak ayarlayın.

Morina balığını kahverengi şeker, susam ezmesi ve balık sosu karışımıyla ıslatın. Vakumlanabilir bir torbaya koyun. Su yer değiştirme yöntemiyle havayı boşaltın, kapatın ve torbayı su banyosuna daldırın. 30 dakika pişirin. Orta ateşte bir tavada tereyağını eritin.

Zamanlayıcı durduktan sonra morina balığını çıkarın ve tavaya aktarın ve 1 dakika kavurun. Bir tabağa servis yapın. Pişirme suyunu tavaya dökün ve suyunu çekene kadar pişirin. 1 yemek kaşığı tereyağı ekleyin ve karıştırın. Morina sosunu üstüne koyun ve susamla süsleyin. Pirinçle servis yapın.

Ispanak ve Hardal Soslu Kremalı Somon

Hazırlama + Pişirme Süresi: 55 dakika | Porsiyon: 2

BENmalzemeler

4 derisiz somon filetosu

1 büyük demet ıspanak

½ su bardağı Dijon hardalı

1 su bardağı yoğun krema

1 su bardağı yarım buçuk krema

1 yemek kaşığı limon suyu

Tatmak için tuz ve karabiber

Talimatlar

Bir su banyosu hazırlayın ve Sous Vide'ı içine yerleştirin. 115 F'ye ayarlayın. Tuzla tatlandırılmış somonu vakumlu bir torbaya koyun. Su yer değiştirme yöntemiyle havayı boşaltın, kapatın ve torbayı su banyosuna daldırın. 45 dakika pişirin.

Bir tencereyi orta ateşte ısıtın ve ıspanakları yumuşayana kadar pişirin. Isıyı düşürün ve limon suyu, karabiber ve tuzu dökün.

Pişirmeye devam et. Bir tencereyi orta ateşte ısıtın ve yarım buçuk krema ile Dijon hardalı birleştirin. Ateşi kısın ve pişirin. Tuz ve karabiber serpin. Zamanlayıcı durduktan sonra somonu çıkarın ve bir tabağa aktarın. Soslu gezdirin. Ispanakla servis yapın.

Taze Salata ile Paprika Tarak

Hazırlama + Pişirme Süresi: 55 dakika | Porsiyon: 4

İçindekiler

1 kiloluk deniz tarağı

1 çay kaşığı sarımsak tozu

½ çay kaşığı soğan tozu

½ çay kaşığı kırmızı biber

¼ çay kaşığı acı biber

Tatmak için tuz ve karabiber

<u>salata</u>

3 su bardağı mısır taneleri

½ pint yarıya kiraz domates

1 adet doğranmış kırmızı dolmalık biber

2 yemek kaşığı kıyılmış taze maydanoz

<u>Pansuman</u>

1 yemek kaşığı taze fesleğen

1 çeyrek limon

Talimatlar

Bir su banyosu hazırlayın ve Sous Vide'ı içine yerleştirin. 122 F'ye ayarlayın.

Deniz taraklarını vakumlu bir torbaya koyun. Tuz ve karabiber serpin. Bir kasede sarımsak tozu, kırmızı biber, soğan tozu ve acı biberi birleştirin. İçine dökün. Su yer değiştirme yöntemiyle havayı boşaltın, kapatın ve torbayı su banyosuna daldırın. 30 dakika pişirin.

Bu arada fırını 400 F'ye ısıtın. Bir fırın tepsisine mısır tanelerini ve kırmızı biberi koyun. Zeytinyağı serpin ve tuz ve karabiberle tatlandırın. 5-10 dakika pişirin. Bir kaseye aktarın ve maydanozla karıştırın. Bir kapta sos malzemelerini güzelce harmanlayın ve mısır tanelerinin üzerine dökün.

Zamanlayıcı durduktan sonra torbayı çıkarın ve sıcak bir tavaya aktarın. Her iki tarafı 2 dakika kızartın. Bir tabakta, deniz tarağı ve salatada servis yapın. Fesleğen ve limon dilimi ile süsleyin.

Mango ile Şımarık Deniz Tarağı

Hazırlama + Pişirme Süresi: 50 dakika | Porsiyon: 4

İçindekiler

1 pound büyük tarak

1 yemek kaşığı tereyağı

<u>Sos</u>

1 yemek kaşığı limon suyu

2 yemek kaşığı zeytinyağı

<u>Garnitür</u>

1 yemek kaşığı limon kabuğu rendesi

1 yemek kaşığı portakal kabuğu

1 su bardağı doğranmış mango

1 ince dilimlenmiş Serrano biberi

2 yemek kaşığı kıyılmış nane yaprağı

Talimatlar

Deniz taraklarını vakumlu bir torbaya koyun. Tuz ve karabiber serpin. Bütün gece buzdolabında soğumaya bırakın. Bir su banyosu hazırlayın ve Sous Vide'ı içine yerleştirin. 122 F'ye ayarlayın. Su yer değiştirme yöntemiyle havayı boşaltın, torbayı kapatın ve su banyosuna daldırın. 15-35 dakika pişirin.

Bir tavayı orta ateşte ısıtın. Bir kapta sos malzemelerini güzelce harmanlayın. Zamanlayıcı durduktan sonra, tarakları çıkarın ve tavaya aktarın ve kızarana kadar kızartın. Bir tabakta servis yapın. Sosu serpip garnitür malzemelerini ekleyin.

Hardal Soslu Pırasa ve Karides

Hazırlama + Pişirme Süresi: 1 saat 20 dakika | Porsiyon: 4

BENmalzemeler

6 pırasa

5 yemek kaşığı zeytinyağı

Tatmak için tuz ve karabiber

1 arpacık soğan, kıyılmış

1 yemek kaşığı pirinç sirkesi

1 çay kaşığı Dijon hardalı

1/3 pound pişmiş defne karidesi

Kıyılmış taze maydanoz

Talimatlar

Bir su banyosu hazırlayın ve Sous Vide'ı içine yerleştirin. 183 F olarak ayarlayın.

Pırasaların üst kısımlarını kesin ve alt kısımlarını çıkarın. Soğuk suda yıkayın ve 1 yemek kaşığı zeytinyağı serpin. Tuz ve karabiber serpin. Vakumlanabilir bir torbaya koyun. Su yer değiştirme yöntemiyle havayı boşaltın, kapatın ve torbayı su banyosuna daldırın. 1 saat pişirin.

Bu arada salata sosu için bir kapta arpacık soğanı, Dijon hardalı, sirke ve 1/4 su bardağı zeytinyağını karıştırın. Tuz ve karabiber serpin. Zamanlayıcı durduktan sonra torbayı çıkarın ve buzlu su banyosuna aktarın. Soğutmaya izin ver. Pırasaları 4 tabağa koyun ve tuzlayın. Karides ekleyin ve salata sosu ile gezdirin. Maydanozla süsleyin.

Hindistan Cevizli Karides Çorbası

Hazırlama + Pişirme Süresi: 55 dakika | Porsiyon: 6

İçindekiler

8 büyük çiğ karides, soyulmuş ve damarları alınmış

1 yemek kaşığı tereyağı

Tatmak için tuz ve karabiber

<u>çorba için</u>

1 kilo kabak

4 yemek kaşığı limon suyu

2 sarı soğan, doğranmış

1-2 küçük kırmızı biber, ince kıyılmış

1 sap limon otu, sadece beyaz kısmı, doğranmış

1 tatlı kaşığı karides ezmesi

1 çay kaşığı şeker

1½ bardak hindistan cevizi sütü

1 çay kaşığı demirhindi ezmesi

1 su bardağı su

½ su bardağı hindistan cevizi kreması

1 yemek kaşığı balık sosu

2 yemek kaşığı taze fesleğen, doğranmış

Talimatlar

Bir su banyosu hazırlayın ve Sous Vide'ı içine yerleştirin. 142 F'ye ayarlayın. Karides ve tereyağını vakumlu bir torbaya koyun. Tuz ve karabiber serpin. Su yer değiştirme yöntemiyle havayı boşaltın, kapatın ve torbayı su banyosuna daldırın. 15-35 dakika pişirin.

Bu sırada kabakları soyun ve çekirdeklerini atın. Küp şeklinde doğrayın. Bir mutfak robotunda soğan, limon otu, kırmızı biber, karides ezmesi, şeker ve 1/2 bardak hindistan cevizi sütü ekleyin. Püre olana kadar karıştırın.

Bir güveci kısık ateşte ısıtın ve soğan karışımını, kalan hindistan cevizi sütünü, demirhindi ezmesini ve suyu birleştirin. Kabak ekleyin ve 10 dakika pişirin.

Zamanlayıcı durduktan sonra karidesleri çıkarın ve çorbaya aktarın. Hindistan cevizi kreması, limon suyu ve fesleğeni çırpın. Çorba kaselerinde servis yapın.

Soba Erişteli Ballı Somon

Hazırlama + Pişirme Süresi: 40 dakika | Porsiyon: 4

İçindekiler

<u>Somon</u>

6 ons somon filetosu, derisi alınmış

Tatmak için tuz ve karabiber

1 çay kaşığı susam yağı

1 su bardağı zeytinyağı

1 yemek kaşığı taze zencefil, rendelenmiş

2 yemek kaşığı bal

<u>Susam Sobası</u>

4 ons kuru soba eriştesi

1 yemek kaşığı üzüm çekirdeği yağı

2 diş sarımsak, kıyılmış

½ karnabahar başı

3 yemek kaşığı tahin

1 çay kaşığı susam yağı

2 çay kaşığı zeytinyağı

¼ suyu sıkılmış kireç

1 adet dilimlenmiş sap yeşil soğan

¼ bardak kişniş, kabaca doğranmış

1 çay kaşığı kızarmış haşhaş tohumu

Garnitür için limon dilimleri

Süslemek için susam tohumları

2 yemek kaşığı kişniş, doğranmış

Talimatlar

Bir su banyosu hazırlayın ve Sous Vide'ı içine yerleştirin. 123 F'ye ayarlayın. Somonu tuz ve karabiberle tatlandırın. Bir kapta susam yağı, zeytinyağı, zencefil ve balı karıştırın. Somonu ve karışımı vakumlu bir torbaya koyun. İyi çalkala. Su yer değiştirme yöntemiyle havayı boşaltın, kapatın ve torbayı su banyosuna daldırın. 20 dakika pişirin.

Bu sırada soba eriştelerini hazırlayın. Üzüm çekirdeği yağını bir tavada yüksek ateşte ısıtın ve karnabahar ve sarımsağı 6-8 dakika karıştırarak kızartın. Bir kapta tahin, zeytinyağı, susam yağı, misket limonu suyu, kişniş, yeşil soğan ve kavrulmuş susamı iyice karıştırın. Erişteleri süzün ve karnabahara ekleyin.

Bir tavayı yüksek ateşte ısıtın. Pişirme kağıdı tabakası ile örtün. Zamanlayıcı durduktan sonra somonu çıkarın ve tavaya aktarın. 1 dakika kavurun. Erişteleri iki kasede servis edin ve somon ekleyin. Kireç dilimleri, haşhaş tohumu ve kişniş ile süsleyin.

Mayonezli Gurme Istakoz

Hazırlama + Pişirme Süresi: 40 dakika | Porsiyon: 2

İçindekiler

2 ıstakoz kuyruğu

1 yemek kaşığı tereyağı

2 tatlı soğan, doğranmış

3 yemek kaşığı mayonez

tatmak için tuz

bir tutam karabiber

2 çay kaşığı limon suyu

Talimatlar

Bir su banyosu hazırlayın ve Sous Vide'ı içine yerleştirin. 138 F olarak ayarlayın.

Suyu bir tencerede kaynayana kadar yüksek ateşte ısıtın. Istakoz kuyruklarının kabuklarını açın ve suya daldırın. 90 saniye pişirin. Buzlu su banyosuna aktarın. 5 dakika soğumaya bırakın. Kabukları kırın ve kuyruklarını çıkarın.

Kuyrukları tereyağlı vakumlu bir torbaya koyun. Su yer değiştirme yöntemiyle havayı boşaltın, kapatın ve torbayı su banyosuna daldırın. 25 dakika pişirin.

Zamanlayıcı durduktan sonra kuyrukları çıkarın ve kurulayın. Kenara oturun. 30 dakika soğumaya bırakın. Bir kasede mayonez, tatlı soğan, biber ve limon suyunu birleştirin. Kuyrukları doğrayın, mayonez karışımına ekleyin ve iyice karıştırın. Kızarmış ekmek ile servis yapın.

Parti Karides Kokteyli

Hazırlama + Pişirme Süresi: 40 dakika | Porsiyon: 2

İçindekiler

1 kiloluk karides, soyulmuş ve kabuğu çıkarılmış

Tatmak için tuz ve karabiber

4 yemek kaşığı kıyılmış taze dereotu

1 yemek kaşığı tereyağı

4 yemek kaşığı mayonez

2 yemek kaşığı yeşil soğan, kıyılmış

2 çay kaşığı taze sıkılmış limon suyu

2 çay kaşığı domates püresi

1 yemek kaşığı tabasko sosu

4 dikdörtgen akşam yemeği rulosu

8 yaprak marul

½ limon, dilimler halinde dilimlenmiş

Talimatlar

Bir su banyosu hazırlayın ve Sous Vide'ı içine yerleştirin. 149 F'ye ayarlayın. Baharat için mayonez, yeşil soğan, limon suyu, domates püresi ve Tabasco sosunu iyice karıştırın. Tuz ve karabiber serpin.

Karidesleri ve baharatları vakumlu bir torbaya koyun. Her pakete 1 yemek kaşığı dereotu ve 1/2 yemek kaşığı tereyağı ekleyin. Su yer değiştirme yöntemiyle havayı boşaltın, kapatın ve torbayı su banyosuna daldırın. 15 dakika pişirin.

Fırını 400 F'nin üzerinde önceden ısıtın ve akşam yemeği rulolarını 15 dakika pişirin. Zamanlayıcı durduktan sonra torbayı çıkarın ve boşaltın. Karidesleri sosla birlikte bir kaseye koyun ve iyice karıştırın. Marul rulolarının üzerine limonla servis yapın.

Otlu Limonlu Somon

Hazırlama + Pişirme Süresi: 45 dakika | Porsiyon: 2

İçindekiler

2 derisiz somon fileto

Tatmak için tuz ve karabiber

¾ su bardağı sızma zeytinyağı

1 arpacık soğan, ince halkalar halinde dilimlenmiş

1 yemek kaşığı fesleğen yaprağı, hafifçe doğranmış

1 çay kaşığı yenibahar

3 ons karışık yeşillik

1 limon

Talimatlar

Bir su banyosu hazırlayın ve Sous Vide'ı içine yerleştirin. 128 F olarak ayarlayın.

Somonu vakumlu bir torbaya tuz ve karabiberle tatlandırın. Arpacık halkaları, zeytinyağı, yenibahar ve fesleğen ekleyin. Su yer değiştirme yöntemiyle havayı boşaltın, kapatın ve torbayı su banyosuna daldırın. 25 dakika pişirin.

Zamanlayıcı durduktan sonra poşeti çıkarın ve somonu bir tabağa aktarın. Pişirme suyunu biraz limon suyu ve üst somon fileto ile karıştırın. Sert.

Tuzlu Tereyağlı Istakoz Kuyrukları

Hazırlama + Pişirme Süresi: 1 saat 10 dakika | Porsiyon: 2

İçindekiler

8 yemek kaşığı tereyağı

2 ıstakoz kuyruğu, kabukları çıkarılmış

2 dal taze tarhun

2 yemek kaşığı adaçayı

tatmak için tuz

limon dilimleri

Talimatlar

Bir su banyosu hazırlayın ve Sous Vide'ı içine yerleştirin. 134 F olarak ayarlayın.

Istakoz kuyruklarını, tereyağını, tuzu, adaçayı ve tarhunu vakumlu bir torbaya koyun. Su yer değiştirme yöntemiyle havayı boşaltın, kapatın ve torbayı su banyosuna daldırın. 60 dakika pişirin.

Zamanlayıcı durduktan sonra poşeti çıkarın ve ıstakozu bir tabağa aktarın. Üzerine tereyağı serpin. Limon dilimleri ile süsleyin.

Karnabahar ve Yumurtalı Erişte ile Tay Somonu

Hazırlama + Pişirme Süresi: 55 dakika | Porsiyon: 2

İçindekiler

2 adet derili somon filetosu

Tatmak için tuz ve karabiber

1 yemek kaşığı zeytinyağı

4½ yemek kaşığı soya sosu

2 yemek kaşığı kıyılmış taze zencefil

2 ince dilimlenmiş Thai Chilis

6 yemek kaşığı susam yağı

4 oz hazırlanmış yumurtalı erişte

6 ons pişmiş karnabahar çiçeği

5 çay kaşığı susam

Talimatlar

Bir su banyosu hazırlayın ve Sous Vide'ı içine yerleştirin. 149 F'ye ayarlayın. Alüminyum folyo ile kaplı bir fırın tepsisi hazırlayın ve somonu koyun, tuz ve karabiber ekleyin ve başka bir alüminyum levha ile kapatın. 30 dakika fırında pişirin.

Pişmiş somonu vakumlu bir torbaya çıkarın. Su yer değiştirme yöntemiyle havayı boşaltın, kapatın ve torbayı su banyosuna daldırın. 8 dakika pişirin.

Bir kapta zencefil, kırmızı biber, 4 yemek kaşığı soya sosu ve 4 yemek kaşığı susam yağını karıştırın. Zamanlayıcı durduktan sonra poşeti çıkarın ve somonu bir erişte kasesine aktarın. Kızarmış tohumlar ve somon derisi ile süsleyin. Zencefilli biber sosu serpin ve servis yapın.

Dereotlu Hafif Levrek

Hazırlama + Pişirme Süresi: 35 dakika | Porsiyon: 3

İçindekiler

1 pound Şili levreği, derisiz

1 yemek kaşığı zeytinyağı

Tatmak için tuz ve karabiber

1 yemek kaşığı dereotu

Talimatlar

Bir su banyosu hazırlayın ve Sous Vide'ı içine yerleştirin. 134 F'ye ayarlayın. Levrekleri tuz ve karabiberle tatlandırın ve vakumlu bir poşete koyun. Dereotu ve zeytinyağını ekleyin. Su yer değiştirme yöntemiyle havayı boşaltın, kapatın ve torbayı su banyosuna daldırın. 30 dakika pişirin. Zamanlayıcı durduktan sonra poşeti çıkarın ve levrekleri bir tabağa alın.

Tatlı Biberli Karides Tavada Kızartma

Hazırlama + Pişirme Süresi: 40 dakika | Porsiyon: 6

İçindekiler

1½ pound karides

3 adet kuru kırmızı biber

1 yemek kaşığı rendelenmiş zencefil

6 diş sarımsak, ezilmiş

2 yemek kaşığı şampanya şarabı

1 yemek kaşığı soya sosu

2 çay kaşığı şeker

½ çay kaşığı mısır nişastası

3 yeşil soğan, doğranmış

Talimatlar

Bir su banyosu hazırlayın ve Sous Vide'ı içine yerleştirin. 135 F olarak ayarlayın.

Zencefil, diş sarımsak, kırmızı biber, şampanya şarabı, şeker, soya sosu ve mısır nişastasını birleştirin. Soyulmuş karidesleri karışımla birlikte vakumlu bir torbaya koyun. Su yer değiştirme yöntemiyle havayı boşaltın, kapatın ve su banyosuna daldırın. 30 dakika pişirin.

Yeşil soğanları orta ateşte bir tavaya koyun. Yağ ekleyin ve 20 saniye pişirin. Zamanlayıcı durduktan sonra, pişmiş karidesleri çıkarın ve bir kaseye aktarın. Soğanla süsleyin. Pirinçle servis yapın.

Meyveli Tay Karides

Hazırlama + Pişirme Süresi: 25 dakika | Porsiyon: 4

İçindekiler

2 pound karides, soyulmuş ve kabuğu çıkarılmış

4 adet soyulmuş ve rendelenmiş papaya

2 arpacık, dilimlenmiş

¾ su bardağı çeri domates, ikiye bölünmüş

2 yemek kaşığı fesleğen, kıyılmış

¼ fincan kızarmış kuru tava fıstık

Tay Sosu

¼ su bardağı limon suyu

6 yemek kaşığı şeker

5 yemek kaşığı balık sosu

4 diş sarımsak

4 küçük kırmızı biber

Talimatlar

Bir su banyosu hazırlayın ve Sous Vide'ı içine yerleştirin. 135 F'ye ayarlayın. Karidesleri vakumlu bir torbaya koyun. Su yer değiştirme yöntemiyle havayı boşaltın, kapatın ve torbayı su banyosuna daldırın. 15 dakika pişirin. Bir kasede limon suyu, balık sosu ve şekeri iyice karıştırın. Sarımsak ve biberleri ezin. Sos karışımına ekleyin.

Zamanlayıcı durduktan sonra karidesleri poşetten çıkarın ve bir kaseye aktarın. Papaya, Tay fesleğeni, arpacık soğanı, domates ve yer fıstığını ekleyin. Pansuman ile sır.

Dublin Usulü Limonlu Karides Yemeği

Hazırlama + Pişirme Süresi: 1 saat 15 dakika | Porsiyon: 4

İçindekiler

4 yemek kaşığı tereyağı

2 yemek kaşığı limon suyu

2 diş taze sarımsak, kıyılmış

1 çay kaşığı taze limon kabuğu rendesi

Tatmak için tuz ve karabiber

1 pound jumbo karides, soyulmuş ve damarları alınmış

½ su bardağı panko galeta unu

1 yemek kaşığı taze maydanoz, kıyılmış

Talimatlar

Bir su banyosu hazırlayın ve Sous Vide'ı içine yerleştirin. 135 F olarak ayarlayın.

Orta ateşte bir tavada 3 yemek kaşığı tereyağını ısıtın ve limon suyu, tuz, karabiber, sarımsak ve kabuğu rendesini ekleyin. 5 dakika soğumaya bırakın. Karides ve karışımı vakumlu bir torbaya koyun. Su yer değiştirme yöntemiyle havayı boşaltın, kapatın ve torbayı su banyosuna daldırın. 30 dakika pişirin.

Bu arada, orta ateşte bir tavada tereyağını ısıtın ve panko ekmek kırıntılarını kızartın. Zamanlayıcı durduktan sonra, karidesleri çıkarın ve yüksek ateşte güveç tenceresine aktarın ve pişirme suyuyla birlikte pişirin. 4 çorba kasesinde servis yapın ve galeta unuyla süsleyin.

Acı Sarımsaklı Soslu Sulu Deniz Tarağı

Hazırlama + Pişirme Süresi: 75 dakika | Porsiyon: 2

İçindekiler

2 yemek kaşığı sarı köri tozu

1 yemek kaşığı domates salçası

½ su bardağı hindistan cevizi kreması

1 tatlı kaşığı acı biber sosu

1 yemek kaşığı limon suyu

6 deniz tarağı

Servis için pişmiş kahverengi pirinç

Taze kişniş, doğranmış

Talimatlar

Bir su banyosu hazırlayın ve Sous Vide'ı içine yerleştirin. 134 F olarak ayarlayın.

Hindistan cevizi kreması, domates salçası, köri tozu, limon suyu ve acı-sarımsak sosu birleştirin. Karışımı taraklarla birlikte vakumlu bir torbaya koyun. Su yer değiştirme yöntemiyle havayı boşaltın, kapatın ve torbayı su banyosuna daldırın. 60 dakika pişirin.

Zamanlayıcı durduktan sonra torbayı çıkarın ve bir tabağa aktarın. Kahverengi pirinci servis edin ve deniz tarağıyla süsleyin. Kişniş ile süsleyin.

Erişte ile Körili Karides

Hazırlama + Pişirme Süresi: 25 dakika | Porsiyon: 2

İçindekiler

1 kiloluk karides, kuyruklu

8 oz erişte erişte, pişmiş ve süzülmüş

1 çay kaşığı pirinç şarabı

1 çay kaşığı köri tozu

1 yemek kaşığı soya sosu

1 yeşil soğan, dilimlenmiş

2 yemek kaşığı bitkisel yağ

Talimatlar

Bir su banyosu hazırlayın ve Sous Vide'ı içine yerleştirin. 149 F'ye ayarlayın. Karidesleri vakumla kapatılabilen bir torbaya koyun. Su yer değiştirme yöntemiyle havayı boşaltın, kapatın ve torbayı su banyosuna daldırın. 15 dakika pişirin.

Bir tavada yağı orta ateşte ısıtın ve pirinç şarabı, köri tozu ve soya sosu ekleyin. İyice karıştırın ve erişteleri birleştirin. Zamanlayıcı durduktan sonra karidesleri çıkarın ve erişte karışımına aktarın. Yeşil soğan ile süsleyin.

Maydanozlu Kremalı Cod

Hazırlama + Pişirme Süresi: 40 dakika | Porsiyon: 6

İçindekiler

<u>Morina için</u>

6 morina filetosu

tatmak için tuz

1 yemek kaşığı zeytinyağı

3 dal taze maydanoz

<u>sos için</u>

1 bardak beyaz şarap

1 su bardağı yarım buçuk krema

1 ince kıyılmış beyaz soğan

2 yemek kaşığı dereotu, kıyılmış

2 çay kaşığı karabiber

Talimatlar

Bir su banyosu hazırlayın ve Sous Vide'ı içine yerleştirin. 148 F olarak ayarlayın.

Tuzlu morina filetosu ile tatlandırılmış olarak vakumlu poşetlere koyun. Zeytinyağı ve maydanozu ekleyin. Su yer değiştirme yöntemiyle havayı boşaltın, kapatın ve torbayı su banyosuna daldırın. 30 dakika pişirin.

Bir tencereyi orta ateşte ısıtın, şarap, soğan, karabiber ekleyin ve suyunu çekene kadar pişirin. Kalınlaşana kadar yarım buçuk kremayı karıştırın. Zamanlayıcı durduktan sonra balığı tabağa alın ve üzerine sos gezdirin.

Somonlu Fransız Pot de Rillettes

Hazırlama + Pişirme Süresi: 2 saat 30 dakika | Porsiyon: 2

İçindekiler

½ pound somon filetosu, derisi alınmış

1 tatlı kaşığı deniz tuzu

6 yemek kaşığı tereyağı

1 soğan, doğranmış

1 diş sarımsak, kıyılmış

1 yemek kaşığı limon suyu

Talimatlar

Bir su banyosu hazırlayın ve Sous Vide'ı içine yerleştirin. 130 F'ye ayarlayın. Somonu, tuzsuz tereyağını, deniz tuzunu, diş sarımsağı, soğanı ve limon suyunu vakumlu bir torbaya koyun. Su yer değiştirme yöntemiyle havayı boşaltın, kapatın ve torbayı su banyosuna daldırın. 20 dakika pişirin.

Zamanlayıcı durduktan sonra somonu çıkarın ve 8 küçük kaseye aktarın. Pişirme suyu ile tatlandırın. 2 saat buzdolabında soğumaya bırakın. Tost ekmeği dilimleri ile servis yapın.

Hindistan Cevizi Patates Püresi ile Adaçayı Somonu

Hazırlama + Pişirme Süresi: 1 saat 30 dakika | Porsiyon: 2

İçindekiler

2 somon filetosu, derisi alınmış

2 yemek kaşığı zeytinyağı

2 dal adaçayı

4 diş sarımsak

3 patates, soyulmuş ve doğranmış

¼ bardak hindistan cevizi sütü

1 demet gökkuşağı pazı

1 yemek kaşığı rendelenmiş zencefil

1 yemek kaşığı soya sosu

tatmak için deniz tuzu

Talimatlar

Bir su banyosu hazırlayın ve Sous Vide'ı içine yerleştirin. 122 F'ye ayarlayın. Somon, adaçayı, sarımsak ve zeytinyağını vakumlu bir torbaya koyun. Su yer değiştirme yöntemiyle havayı boşaltın, kapatın ve torbayı su banyosuna daldırın. 1 saat pişirin.

Fırını 375 F'ye ısıtın. Patatesleri yağlayın ve 45 dakika pişirin. Patatesleri bir karıştırıcıya aktarın ve hindistancevizi sütüne ekleyin. Tuz ve karabiber serpin. Pürüzsüz olana kadar 3 dakika karıştırın.

Zeytinyağını bir tavada orta ateşte ısıtın ve zencefil, pazı ve soya sosunu soteleyin.

Zamanlayıcı durduktan sonra somonu çıkarın ve sıcak bir tavaya aktarın. 2 dakika kavurun. Bir tabağa aktarın, patates püresini ekleyin ve servis için üstüne kömür ekleyin.

Dereotu Bebek Ahtapot Kasesi

Hazırlama + Pişirme Süresi: 60 dakika | Porsiyon: 4

İçindekiler

1 kiloluk bebek ahtapot

1 yemek kaşığı zeytinyağı

1 yemek kaşığı taze sıkılmış limon suyu

Tatmak için tuz ve karabiber

1 yemek kaşığı dereotu

Talimatlar

Bir su banyosu hazırlayın ve Sous Vide'ı içine yerleştirin. 134 F'ye ayarlayın. Ahtapotu vakumla kapatılabilen bir torbaya yerleştirin. Su yer değiştirme yöntemiyle havayı boşaltın, kapatın ve torbayı su banyosuna daldırın. 50 dakika pişirin. Zamanlayıcı durduktan sonra ahtapotu çıkarın ve kurulayın. Ahtapotu biraz zeytinyağı ve limon suyuyla karıştırın. Tuz, karabiber ve dereotu ile tatlandırın.

Hollandaise Soslu Tuzlu Somon

Hazırlama + Pişirme Süresi: 1 saat 50 dakika | Porsiyon: 4

BENmalzemeler

4 somon fileto

tatmak için tuz

<u>hollandez sosu</u>

4 yemek kaşığı tereyağı

1 yumurta sarısı

1 çay kaşığı limon suyu

1 çay kaşığı su

½ doğranmış arpacık

bir tutam kırmızı biber

Talimatlar

Somonu tuzla baharatlayın. 30 dakika soğumaya bırakın. Bir su banyosu hazırlayın ve Sous Vide'ı içine yerleştirin. 148 F'ye ayarlayın. Tüm sos malzemelerini vakumlu bir torbaya koyun. Su yer değiştirme yöntemiyle havayı boşaltın, kapatın ve torbayı su banyosuna daldırın. 45 dakika pişirin.

Zamanlayıcı durduktan sonra çantayı çıkarın. Kenara koyun. Sous Vide'ın sıcaklığını 120 F'ye düşürün ve somonu vakumla kapatılabilen bir torbaya koyun. Su yer değiştirme yöntemiyle havayı boşaltın, kapatın ve torbayı su banyosuna daldırın. 30 dakika pişirin. Sosu bir karıştırıcıya aktarın ve açık sarı olana kadar karıştırın. Zamanlayıcı durduktan sonra somonu çıkarın ve kurulayın. Üzerine sosu gezdirerek servis yapın.

9 781783 814701